Vinodani Katiyar
Anupama Rajesh

Eficácia de Gestão da Implementação de TI em Escolas de Gestão

Vinodani Katiyar
Anupama Rajesh

Eficácia de Gestão da Implementação de TI em Escolas de Gestão

Um estudo de caso

ScienciaScripts

Imprint

Any brand names and product names mentioned in this book are subject to trademark, brand or patent protection and are trademarks or registered trademarks of their respective holders. The use of brand names, product names, common names, trade names, product descriptions etc. even without a particular marking in this work is in no way to be construed to mean that such names may be regarded as unrestricted in respect of trademark and brand protection legislation and could thus be used by anyone.

Cover image: www.ingimage.com

This book is a translation from the original published under ISBN 978-3-659-85126-1.

Publisher:
Sciencia Scripts
is a trademark of
Dodo Books Indian Ocean Ltd. and OmniScriptum S.R.L publishing group

120 High Road, East Finchley, London, N2 9ED, United Kingdom
Str. Armeneasca 28/1, office 1, Chisinau MD-2012, Republic of Moldova, Europe
Printed at: see last page
ISBN: 978-620-3-59779-0

ÍNDICE DE CONTEÚDOS

CAPÍTULO-1

INTRODUÇÃO

Tecnologia e educação:

A educação é a chave de todos os processos de desenvolvimento, nomeadamente do desenvolvimento humano. A ação catalisadora da educação neste processo de crescimento complexo e dinâmico tem de ser planeada meticulosamente e executada com grande sensibilidade.

A educação é fundamental para o **desenvolvimento global** do potencial humano - material e espiritual. O fator mais importante que explica o grande sucesso económico dos países recentemente desenvolvidos da Ásia Oriental (Japão, Coreia e Taiwan) é o elevado nível de educação do capital humano. Inegavelmente, a educação é um fator essencial para melhorar ou aumentar o capital humano e a literacia é um denominador comum concebido para medir a qualidade de vida das pessoas. A educação é um processo de reforço das capacidades, que tem por objetivo criar condições ou capacidades que permitam a uma determinada sociedade atingir o seu desenvolvimento futuro.

Com as nossas vidas a transformarem-se num modo mais fácil e mais expedito, será que as Gurukuls e as aulas particulares podem ficar muito para trás? Longe vão os dias em que os professores tinham rostos proibitivos e carrancudos, o pó de giz enchia-nos o cabelo e as resmas de papel eram a nossa vida. O ensino tornou-se completamente orientado para a tecnologia e centrado no aluno. A filosofia subjacente às escolas passou a ser a de "criar uma casa longe de casa" para os alunos a seu cargo.

O sucesso do impacto de uma **palestra multimédia** que envolva suplementos audiovisuais como som, gráficos e animações é incomparável - uma investida multissensorial aumenta a receção e, consequentemente, a retenção.

A comunicação sempre foi a chave para aproximar as pessoas - para aproximar os membros das instituições, incluindo a administração, o corpo docente e o corpo discente, as organizações estão ligadas entre si através de redes informáticas. - Isto serve não só para uma comunicação eficaz e instantânea, mas também para o intercâmbio de ideias e de metodologias de ensino. **Os sítios Web** apresentam fotografias, artigos completos e realçam as suas realizações. Para dar início a uma competitividade saudável, realizam-se regularmente concursos interinstitucionais em linha que revelam os talentos escondidos dos estudantes. **Os webzines** dos estudantes dão uma saída adequada às capacidades escritas e criativas dos estudantes. Os textos reflectem as diferenças culturais e, no entanto, a unicidade inerente à comunidade estudantil.

São criados **painéis de peritos em linha** que ajudam a resolver os problemas das disciplinas e dos alunos enfrentados no dia a dia do ensino-aprendizagem.

A gestão, antes esquiva, está apenas a um clique de distância com as "mensagens instantâneas" para resolver os seus problemas administrativos e de infra-estruturas.

VSAT - um programa de ensino à distância baseado em satélite é outro passo revolucionário. Os melhores membros do corpo docente de todas as áreas ensinam em estúdios e as palestras são depois transmitidas via satélite para as escolas. As aulas são mostradas aos alunos através de um projetor e os alunos podem até fazer perguntas através de microfones e obter respostas instantâneas.

Espera-se que a integração da tecnologia contribua para melhorar o processo de ensino-aprendizagem.

Ensinar através de um computador

A educação é um processo que visa transformar a personalidade de um indivíduo numa personalidade multifacetada. Uma criança nasce como uma ardósia em branco - pode ser escrita e ilustrada de qualquer forma. É da responsabilidade da sociedade assegurar que o indivíduo seja educado de forma a beneficiar-se a si próprio, à sua família e à sociedade em geral. O professor assume o papel de amigo, filósofo e guia do aluno. No seu caminho para a auto-descoberta e o auto-aprimoramento.

O professor pode comunicar os conhecimentos que pretende transmitir de diversas formas.

Um dos desafios mais importantes que se colocam à educação é o de tornar a aprendizagem interessante e estimulante. Este objetivo deve ser alcançado por mais limitados que sejam os recursos. Isto parece ser possível com a ajuda do avanço da ciência e da tecnologia. A educação tornou-se também uma ciência. A educação implica a transferência de conhecimentos, competências e atitudes, da fonte para o recetor. Com o impacto da tecnologia moderna, estão a ocorrer mudanças rápidas no domínio da educação. Uma vez que o principal objetivo da mudança é melhorar a compreensão do aluno, existe uma forte necessidade de aperfeiçoar e melhorar as nossas estratégias de ensino e paradigmas de instrução, com vista à realização dos objectivos educativos. Mesmo o melhor currículo continuará a ser ineficaz se não for ativado por métodos dinâmicos de ensino. Um programa curricular só é posto em ação através de métodos de ensino adequados.

De acordo com a psicologia humana, a aquisição de conhecimentos através do maior número possível de sentidos ajuda o *aluno* no seu desenvolvimento. **A Instrução Assistida por Computador** refere-se a uma situação de aprendizagem em que o aluno interage e é guiado por um computador, através de um curso de estudo para atingir um determinado objetivo de instrução. A instrução assistida por computador tem mais flexibilidade e versatilidade do que qualquer outra máquina de ensino. A instrução assistida por computador ajuda a educação a planear a instrução e a fornecer um nível de instrução relevante.

Em 1982, o Governo indiano apercebeu-se deste facto e decidiu que os computadores deviam entrar nas nossas escolas. O Conselho Nacional de Investigação e Formação Educacional (NCERT) criou o projeto "Computer Literacy and Studies in Schools (CLASS)". Os objectivos do CLASS foram formulados como um programa que sensibilizaria as crianças para o que eram os computadores, como funcionavam, o que podiam fazer e como fazê-los funcionar.

Até há pouco tempo, os computadores eram utilizados na Índia principalmente para o armazenamento e o processamento de dados. Se pudermos colocar o poder de tratamento da informação do computador à disposição do professor e do aluno, abrimos a possibilidade de uma revolução na educação. Os estudos efectuados no estrangeiro sobre a utilização do computador no domínio da educação provaram que o computador é um meio de comunicação eficaz. Estes estudos foram efectuados por Paul (1984), Francis (1985), Barbara (1986), Keig (1987), Carol (1988), Hugh (1988), Tilidetzpe (1989) e Dungan (1990).

A instrução assistida por computador revela-se melhor do que todas as outras ajudas em vários aspectos. Não só poupa tempo na aprendizagem, como também faz milagres no processamento dos dados de desempenho. A grande quantidade de informação armazenada no computador é *disponibilizada* ao aluno mais rapidamente do que qualquer outro meio. A interação dinâmica entre o aluno e o programa de ensino não é possível de ser assegurada em nenhum outro meio. Existem muitos outros atributos únicos do computador na utilização curricular (Daswani, 1990), um dos quais é: ao contrário dos livros, cassetes, televisão, rádio, as crianças consideram os computadores interessantes e atractivos, uma vez que são interactivos. Faz parte da psicologia humana responder a desafios, fazer com que as coisas aconteçam. Com o computador, ao premir a tecla certa, a criança pode fazer aparecer uma imagem no programa.

O computador proporciona privacidade, as crianças detestam cometer erros embaraçosos em frente da turma. As crianças gostam de aprender através dos computadores, uma vez que o computador as leva a sério e não as trata mal. Por isso, aumenta a autoestima.

O computador pode simular. A simulação pode treinar melhor do que muita conversa.

Também ajuda o pensamento lateral.

As aplicações informáticas na educação abrangem muitas áreas. Os vários modos de ensino que a instrução assistida por computador pode facilitar de forma mais eficaz são o exercício e a prática, o tutorial e o diálogo, a descoberta e a simulação da aprendizagem.

Os métodos tradicionais de ensino são:

•	**Palestra** - O professor dá uma aula sobre o tema com ou sem a ajuda de notas suplementares, muitas vezes com a ajuda do livro de texto e pedindo aos alunos que consultem o mesmo.

•	**Demonstração** - As matérias orientadas para a prática são frequentemente ensinadas através deste método. Os tópicos da corrente científica são elucidados com a ajuda da demonstração de experiências relevantes.

•	**Com a ajuda de um quadro** - Por vezes, os professores desenham no quadro quaisquer diagramas, gráficos hierárquicos, etc., para uma melhor compreensão.

•	**Discussão** - O professor pode abrir a porta e obter informações dos alunos, ao mesmo tempo que fornece os seus próprios contributos durante a sessão de brainstorming.

O impacto audiovisual na criança aumenta a perceção e, consequentemente, a retenção do aluno.

Os computadores podem ser utilizados para:

1.	**CAL** (Computer Aided Learning - Aprendizagem assistida por computador) - Esta é a ajuda mais utilizada, uma vez que os alunos podem aprender ao seu próprio ritmo e conveniência de tempo e lugar com a ajuda de CDs educativos e lições geradas por computador.

2.	**CAI** (Computer Aided Instruction - Instrução Assistida por Computador) - É quando o professor utiliza o computador como auxiliar de ensino e segue as instruções dadas pelo computador.

3.   **CAT** (Computer Aided Training - formação assistida por computador) - Utiliza-se no caso de formação prática, como atletismo, etc., em que o computador ajuda na formação.

4.   **CBT** (formação com base em computador) - Esta é, naturalmente, a situação em que toda a formação é monitorizada e conduzida por computador, como é o caso da formação de pilotos, etc.

O computador é um trunfo porque:

•   Ajuda a fornecer informações/instruções - A Internet e outras bases de dados podem ser um oceano de conhecimento com informações infinitas disponíveis com um simples clique no rato.

•   Pode ser incansavelmente repetitivo - um professor *pode* sofrer de fadiga e esgotamento, mas não no caso de um computador.

•   É possível selecionar a velocidade certa para fornecer informações a cada aluno, de acordo com o seu próprio nível de conforto - nem todos os alunos têm a mesma velocidade de aprendizagem e de retenção, pelo que o computador atende a alunos lentos/rápidos, de modo a não apressar a aprendizagem nem desperdiçar o tempo dos alunos.

•   Visualizar dados dinamicamente - Os dados podem ser trocados entre estações de trabalho, escritórios e até mesmo cidades diferentes, reduzindo o tempo de atraso entre a comunicação e a execução.

•   Verificar a compreensão do aluno sobre o tema - os testes baseados em computador podem testar a compreensão dos alunos e o material pode ser repetido se a aprendizagem não for satisfatória.

•   O indivíduo pode acompanhar o seu próprio progresso - O computador proporciona a todos os indivíduos a comodidade de tempo, lugar e velocidade. Embora existam limitações à utilização de computadores na educação, tais como

1.   A fala/escrita não pode ser feita através de um computador - porque o computador

2.   Não valoriza as emoções dos alunos - O toque pessoal e humano dos professores não pode ser substituído pelos computadores.

As fases de preocupação dos professores em relação à tecnologia, os níveis de utilização da tecnologia, as percepções sobre o impacto dos cursos na utilização e integração da tecnologia e as práticas e percepções sobre o ensino e a aprendizagem com a tecnologia estão a passar por uma mudança radical. Embora todos os professores considerem que os cursos são eficazes para facilitar a sua utilização e integração da tecnologia, não existe uma única forma de integrar a tecnologia. Cada professor identifica, concebe, desenvolve e implementa a sua própria aplicação significativa ao longo da duração do curso, realizando a sua própria integração tecnológica efectiva. Os investigadores, administradores, agentes de mudança e avaliadores devem ter em conta este facto quando facilitam e sustentam mudanças nas práticas de ensino apoiadas pela tecnologia.

É necessário promover a utilização das TI no sector da educação. As opiniões, sentimentos, experiências e sugestões das pessoas efetivamente envolvidas devem ser investigadas e depois analisadas antes da implementação das TI. Estas devem ser encorajadas a comunicar o apoio e as dificuldades encontradas durante o processo de ensino e aprendizagem. Todas estas experiências em primeira mão e os desafios que enfrentam têm um valor inestimável e espera-se que sejam úteis para lançar alguma luz sobre a implementação das TI na educação. Tornou-se cada vez mais importante para os educadores examinar as implementações de TI bem sucedidas com o objetivo de compreender exatamente o que as torna bem sucedidas no ensino e na aprendizagem. Neste estudo, a análise dos dados permitirá identificar os factores que facilitam uma implementação bem sucedida das TI.

Além disso, as relações de apoio e colaboração entre os professores, o empenhamento na implementação pedagogicamente correta das novas tecnologias e os diretores das instituições que incentivam os professores a empenharem-se na sua própria aprendizagem são considerados factores altamente úteis.

CAPÍTULO 2

REVISÃO DA LITERATURA

Qualquer investigação parte do ponto em que os investigadores anteriores a deixaram e prossegue. Por isso, é essencial familiarizarmo-nos com o que já foi pensado, expresso e feito sobre o problema em investigação. Isto é feito através da revisão de livros, revistas, jornais, registos, documentos, teses, índices, resumos, dissertações e outras fontes de informação direta e indiretamente relacionadas com o problema em estudo.

O estudo da literatura relacionada implica a localização, a leitura e a avaliação de relatórios de investigação, bem como de relatórios de observações e opiniões casuais que estejam relacionados com o projeto de investigação planeado pelo indivíduo.

A revisão da literatura relacionada define o limite dos domínios do investigador. Ajuda a delimitar e a definir o seu problema. Evita também áreas problemáticas infrutíferas e inúteis. Pode também evitar-se a duplicação involuntária de resultados bem estabelecidos. Podem ser selecionadas as áreas em que é provável que se obtenham resultados positivos e em que os esforços podem contribuir de forma significativa para o acervo de conhecimentos. As análises também ajudam a conceber a investigação

Means e Olson (1995) efectuaram uma investigação em nove instituições de todo o país que possuíam um elevado grau de tecnologia. Relataram mudanças nos papéis dos alunos e dos professores, aumento da motivação e da autoestima, aumento das competências técnicas, realização de tarefas mais complexas, aumento da utilização de mais recursos externos, aumento da colaboração entre pares e aumento do apoio a mudanças fundamentais nas salas de aula e nas instituições, com os benefícios resultantes em termos de motivação, auto-orientação e realização dos alunos"

Glennan & Melmed (1996) examinaram "instituições ricas em tecnologia" nas quais "o currículo e a instrução foram alterados e reorganizados para se tornarem efectivos", representativos das melhores práticas em todo o país", e demonstraram que a tecnologia pode ser utilizada para reestruturar a experiência de aprendizagem dos alunos e melhorar os resultados da aprendizagem. Glennan & Melmed foram, no entanto, cautelosos nas suas conclusões e afirmaram que: "a investigação ainda não identificou um número suficiente de exemplos de reformas apoiadas pela tecnologia para nos permitir avaliar plenamente os contributos que se pode esperar, de forma fiável, que a tecnologia educativa dê para os objectivos da reforma".

Sivin-Kachala e Bialo (1994) analisaram 133 análises e relatórios de investigação sobre projectos de investigação originais entre 1990 e 1994, e o processo foi depois repetido por **Sivin-Kachala, Bialo e Langford (1997)**, que analisaram 219 análises e relatórios de investigação sobre tecnologia educativa entre 1990 e 1997. Através deste processo, concluíram que a introdução da tecnologia na sala de aula resulta numa aprendizagem mais centrada no aluno, na aprendizagem cooperativa e na interação professor/aluno.

Bracewell & Laferriere (1996) analisaram a investigação que utilizou as Novas Tecnologias da Informação e da Comunicação (NTIC) da década de 1990. Em muitos dos estudos que analisaram, o objetivo e a utilização dos computadores e da tecnologia eram muito semelhantes. Tiraram 14 conclusões [generalizações] da investigação, incluindo:

• As novas tecnologias têm o poder de estimular o desenvolvimento de competências intelectuais, tais como a capacidade de raciocínio e de resolução de problemas, a capacidade de aprender a aprender e a criatividade.

• As novas tecnologias têm o poder de estimular a procura de informações mais extensas sobre um assunto, de uma solução mais satisfatória para um problema e, de um modo mais geral, de um maior número de relações entre vários conhecimentos ou dados.

• O potencial de simulação, a manipulação virtual, a fusão rápida de uma grande variedade de dados, a representação gráfica e outras funções proporcionadas pelas novas tecnologias contribuem para uma interligação dos conhecimentos.

Shashaani, 1994, Sutton, 1991 demonstraram que as atitudes dos alunos em relação aos computadores podem diferir drasticamente em função de uma série de caraterísticas dos alunos, nomeadamente o sexo e o estatuto socioeconómico. De um modo geral, as atitudes mais eficazes em relação aos computadores foram encontradas entre os rapazes e entre os estudantes com acesso regular em casa. Pensa-se que isto afecta os seus padrões de utilização e confiança. Estas são considerações importantes para os educadores que planeiam criar ambientes de aprendizagem altamente dependentes da utilização da tecnologia. O facto de não se ter em conta estas caraterísticas dos alunos pode, na realidade, exacerbar as diferenças de resultados entre grupos. Devem ser envidados esforços para garantir que todos os alunos tenham as competências tecnológicas e a confiança necessárias nos novos ambientes de aprendizagem.

Num estudo realizado na Virgínia Ocidental **(Mann, Shakeshaft, Becker & Kottkamp, 1999)**, os investigadores examinaram os efeitos do programa de Competências

Básicas/Educação Informática da Virgínia Ocidental, que estava em vigor há dez anos.

Na Virgínia Ocidental, os investigadores descobriram que o "programa teve um efeito poderosamente positivo... especialmente nas instituições que o utilizaram mais intensamente". Constataram ganhos significativos e foi "especialmente bem sucedido com estudantes de baixos rendimentos e de zonas rurais, bem como com raparigas".

O Idaho Council for Technology in Learning (1999) efectuou uma investigação sobre o efeito da iniciativa tecnológica no Idaho. Os investigadores examinaram os ganhos nos resultados dos testes, os padrões de utilização da tecnologia e a literacia tecnológica, juntamente com cinco outros elementos da iniciativa. Os investigadores concluíram que "existe uma relação positiva entre o desempenho académico e a integração da tecnologia".

Num estudo nacional patrocinado pelo Educational Testing Service, "Does it compute?". The Relationship Between Educational Technology and Student Achievement in Mathematics **(Wenglinsky, 1998),** o investigador "descobriu que a tecnologia podia ser importante, mas que isso dependia da forma como era utilizada". O desenvolvimento profissional dos professores em tecnologia e a utilização da tecnologia para ensinar competências de raciocínio de ordem superior estavam ambos relacionados com os resultados académicos, mas a frequência geral da utilização de computadores estava negativamente relacionada com os resultados académicos. Estes e outros resultados equívocos sugerem que há uma série de outros factores que interagem com a tecnologia. Concluiu Wenglinsky: Tudo isto sugere que os computadores não são nem uma panaceia para os problemas que as instituições enfrentam, nem meras modas que não têm qualquer impacto na aprendizagem dos alunos. Pelo contrário, quando são corretamente utilizados, os computadores podem servir como ferramentas importantes para melhorar a proficiência dos alunos em matemática, bem como o ambiente global de aprendizagem na escola.

Johnson · Majedi (2002) identificou elementos, condições e factores críticos de sucesso necessários para a integração da tecnologia nos serviços aos estudantes.

Reed (2003) explorou os efeitos da infusão tecnológica e do planeamento tecnológico numa grande instituição suburbana. Examinou a relação entre a utilização da tecnologia e os resultados dos alunos.

Sanders, Sidney (2002) determinou os efeitos de uma palestra multimédia na compreensão dos estudantes universitários, nas suas capacidades de resolução de problemas e nas suas atitudes em relação à eficácia da instrução.

Herzig, Gail (2002) determinou o efeito da utilização da tecnologia informática na sala de aula sobre as notas e a assiduidade dos alunos em risco.

Knaack (2002) investigou as percepções dos alunos sobre a eficácia dos elementos de conceção pedagógica do software matemático para o desenvolvimento de competências de resolução de problemas.

Capritto, Joseph (2000) investigou as diferenças entre o nível, a existência, a utilização e a integração da utilização entre instituições digitais e instituições não digitais.

Cawelti (1993) reconheceu que o impacto da tecnologia na sociedade alterou drasticamente a sala de aula, exigindo diferentes competências e qualificações para os professores. Embora as estatísticas mostrem que as escolas nos Estados Unidos têm acesso à tecnologia, nomeadamente aos computadores, os professores não receberam formação adequada para utilizar a tecnologia ou para a incorporar nas práticas da sala de aula **(Jerald & Orlofsky, 1999; Kent & McNergney, 1999).**

Os resultados de um estudo realizado por O'Donnell (1996) sobre a integração dos computadores na sala de aula indicaram que a maioria dos professores não utilizava os computadores no ensino direto na sala de aula. O'Donnell referiu que os professores não compreendiam como utilizar os computadores no processo de ensino, como utilizar o software, ou como reformular a sua instrução para incorporar os computadores na sala de aula. As sugestões do estudo incluíam a necessidade de conhecer as percepções dos professores sobre as suas competências informáticas e a extensão do seu desejo de receber formação adicional. O'Donnell sublinhou que os programas de desenvolvimento profissional devem responder às necessidades específicas dos professores e devem ser contínuos durante um longo período de tempo.

Os investigadores **(Bradshaw, 1997b; Meltzer & Sherman, 1997)** reconheceram que a falta de tempo para formação, para experimentar a tecnologia na sala de aula e para falar com outros professores sobre tecnologia era um obstáculo importante. Bradshaw (1997b) e O'Donnell (1996) referiram o medo, o acesso insuficiente e a falta de apoio. **Cuban (1995b)** apresentou as seguintes explicações para o facto de os professores utilizarem as tecnologias com pouca frequência e de forma selectiva:

1. Acesso limitado a equipamento que se torna rapidamente obsoleto.

2. Tempo limitado para utilizar a tecnologia devido aos horários das aulas.

3. As crenças de cada professor sobre o ensino e a aprendizagem, os conhecimentos sobre as novas tecnologias e as atitudes prévias em relação à tecnologia determinam se e como os alunos poderão utilizar os computadores.

Charp (1996) concordou que a integração da tecnologia era um processo lento e gradual devido a uma série de factores, incluindo a indiferença do corpo docente, a falta de formação, a falta de apoio administrativo, a falta de infra-estruturas adequadas para incentivar a utilização da tecnologia, a falta de um plano estratégico a seguir e a falta de fundos. Os professores precisavam de computadores e periféricos, de conhecimentos de software, de disponibilidade de software que correspondesse aos objectivos de aprendizagem, de confiança e competência no manuseamento de computadores e software, e de tempo para aprender e utilizar os computadores e o software nas práticas de ensino.

Marsh (1999) afirmou que os professores devem ultrapassar desculpas como "não tive formação", "não tenho tempo" e "não sou bom com computadores", porque grande parte da aprendizagem sobre tecnologia tem de ser autodidata.

Os professores aprenderam através da experimentação, da leitura, da participação em reuniões sobre educação informática e da interação com outros professores envolvidos com computadores. A aprendizagem leva tempo e precisa de ser contínua, mas os professores devem "simplesmente fazê-lo" **(Mergendoller, 1997; Marsh, 1999).**

O desenvolvimento profissional é claramente essencial **(Meltzer & Sherman, 1997; Mergendoller, 1997)**, "mas não existe num vácuo" **(Bradshaw, 1997b, p. 86)**. Bradshaw defende que os passos necessários incluem a visualização, o planeamento e o financiamento. Além disso, **Loucks-Horsley (1997)** sugeriu que o desenvolvimento profissional se baseasse naquilo que se sabe sobre a aprendizagem dos adultos e o processo de inovação, e que os professores fossem envolvidos no planeamento e na implementação das actividades de desenvolvimento profissional. **Darling-Hammond e McLaughlin (1995)** descobriram que os professores eram motivados para o desenvolvimento profissional por oportunidades de progressão na carreira, aumentos salariais e satisfação pessoal. Os conhecimentos, as competências, as atitudes e os comportamentos dos professores são também essenciais para o planeamento de um desenvolvimento profissional eficaz.

Apesar do crescente investimento em hardware e software informático nas escolas de gestão **(Frand, 1997; Green, 1997)**, pouca investigação empírica tem sido feita sobre a utilização e o efeito do groupware na aprendizagem dos alunos ou sobre as suas implicações para as oportunidades em áreas como a educação virtual. O facto de os programas de formação em gestão não reconhecerem a importância da oportunidade tecnológica para melhorar o processo de aprendizagem e, simultaneamente, exporem os alunos às implicações das redes informáticas em áreas como a reformulação dos processos empresariais, reforça a crítica contínua de que os currículos das escolas de gestão não se adaptam às rápidas mudanças no local de trabalho **(Albrecht, 1984; Chiat, 1985; Porter & McKibbin, 1988).** Daí a presente investigação.

CAPÍTULO-3

ESTUDO DO SISTEMA

Objetivo do estudo

Serão analisadas as fases de preocupação dos professores com a tecnologia, os níveis de utilização da tecnologia, as percepções sobre o impacto dos cursos na utilização e integração da tecnologia e as práticas e percepções sobre o ensino e a aprendizagem com a tecnologia. Embora todos os professores considerem que o curso é eficaz para facilitar a sua utilização e integração da tecnologia, não existe uma única forma de integrar a tecnologia. Cada professor identifica, concebe, desenvolve e implementa a sua própria aplicação significativa ao longo da duração do curso, conseguindo a sua própria integração tecnológica efectiva. Os investigadores, administradores, agentes de mudança e avaliadores devem ter em conta estas conclusões quando facilitam e sustentam mudanças nas práticas de ensino apoiadas pela tecnologia.

É necessário promover a utilização das TI no sector da educação. As opiniões, sentimentos, experiências e sugestões das pessoas efetivamente envolvidas devem ser investigadas e depois analisadas antes da implementação das TI. Estas devem ser encorajadas a comunicar o apoio e as dificuldades encontradas durante o processo de ensino e aprendizagem. Todas estas experiências em primeira mão e os desafios que enfrentam são inestimáveis e espera-se que sejam úteis para lançar alguma luz sobre a implementação das TI na educação. Tornou-se cada vez mais importante para os educadores examinar as implementações de TI bem sucedidas com o objetivo de compreender exatamente o que as torna bem sucedidas no ensino e na aprendizagem. Neste estudo, a análise dos dados permitirá identificar os factores que facilitam uma implementação bem sucedida das TI.

Além disso, as relações de apoio e colaboração entre os professores, o empenhamento na implementação pedagogicamente correta das novas tecnologias e os diretores das instituições que incentivam os professores a empenharem-se na sua própria aprendizagem são considerados factores altamente úteis.

Cenário atual:

Nos últimos anos, os investigadores descobriram que a tecnologia pode ser uma componente importante para a criação de novos e estimulantes ambientes de aprendizagem. Os alunos estão a utilizar bases de dados, folhas de cálculo, apresentações e ferramentas de investigação em todas as áreas disciplinares.

A seguir, a Internet teve um impacto na utilização da tecnologia. De repente, há um volume de conhecimento disponível para os alunos.

Por isso, a questão atual é...................Como é que as novas tecnologias são melhor utilizadas na educação?"- em vez de "Devem as novas tecnologias ser utilizadas na educação?" A utilização efectiva das tecnologias da informação pode alterar drasticamente os padrões de ensino-aprendizagem. A incorporação do e-learning pode melhorar o desempenho dos alunos. O estudo tem como objetivo estudar os cenários actuais e projetar um modelo para ambientes de aprendizagem que promovam condições de ensino-aprendizagem perfeitas. Abordaremos também os seguintes temas   Qual a melhor forma de utilizar a tecnologia para melhorar a produtividade pessoal dos professores nas áreas da avaliação dos alunos, da calendarização, da manutenção de registos e da comunicação com os alunos e os pais? Qual a melhor forma de utilizar a tecnologia para aumentar a responsabilização? Qual a melhor forma de utilizar as avaliações em linha para melhorar a aprendizagem dos alunos? É importante reconhecer que estamos a formar futuros gestores que terão de funcionar eficazmente numa economia orientada para as tecnologias da informação

Por conseguinte, as TI não podem ser apenas um complemento, mas devem ser parte integrante do ensino. Trataremos da gestão eficaz das escolas de gestão com a ajuda da administração eletrónica. E uma solução para

Amnésia de curso - quando a informação aprendida num curso é imediatamente esquecida após a conclusão desse curso.

Gestão da mudança....

* Apropriação dos esforços de reforma pelos professores

* Formação extensiva dos professores

* Elevados níveis de apoio tecnológico.

* Estabelecer uma ligação entre o desenvolvimento profissional e as oportunidades de progressão na carreira, os aumentos salariais e a satisfação pessoal.

Estudo do sistema atual

Será aplicado um método de inquérito com questionários abertos/fechados, com posterior análise dos dados.

A investigação através de inquéritos é um dos meios de medição mais importantes na investigação social aplicada. A vasta área da investigação por inquérito engloba quaisquer procedimentos de medição que envolvam fazer perguntas aos inquiridos. Um "inquérito" pode ser qualquer coisa, desde um pequeno formulário de feedback em papel e lápis até uma entrevista intensiva e aprofundada.

O inquérito é um método de investigação não experimental e descritivo. Os inquéritos podem ser úteis quando um investigador pretende recolher dados sobre fenómenos que não podem ser diretamente observados. Num inquérito, os investigadores recolhem amostras de uma população. Basha e Harter (1980) afirmam que "uma população é qualquer conjunto de pessoas ou objectos que possui pelo menos uma caraterística comum". Uma vez que as populações podem ser bastante grandes, os investigadores interrogam diretamente apenas uma amostra (ou seja, uma pequena proporção) da população.

Tipos de inquéritos

Os dados são normalmente recolhidos através da utilização de questionários, embora por vezes os investigadores entrevistem diretamente os inquiridos. Os inquéritos podem utilizar medidas qualitativas (por exemplo, perguntas abertas) ou quantitativas (por exemplo, perguntas de escolha forçada). Existem dois tipos básicos de inquéritos: inquéritos transversais e inquéritos longitudinais.

Inquéritos transversais

Os inquéritos transversais são utilizados para recolher informações sobre uma população num único momento. Um exemplo de um inquérito transversal seria um questionário que recolhesse dados sobre o que os pais pensam sobre a filtragem da Internet. Um questionário de inquérito transversal diferente poderia tentar determinar a relação entre dois factores, como a religiosidade dos pais e as opiniões sobre a filtragem da Internet.

Inquéritos longitudinais

Os inquéritos longitudinais recolhem dados durante um período de tempo. O investigador pode então analisar as mudanças na população e tentar descrevê-las e/ou explicá-las.

Conceção do instrumento

Uma crítica aos inquéritos é o facto de serem muitas vezes mal concebidos e administrados (Busha e Harter 1980), resultando em dados que não são muito exactos, mas que são energicamente citados e utilizados para tomar decisões importantes. Os inquéritos devem ser concebidos e administrados com o mesmo rigor que qualquer outro método de investigação. Meyer (1998) identificou cinco etapas preliminares que devem ser seguidas ao iniciar qualquer projeto de investigação: 1) escolher um tópico, 2) rever a literatura, 3) determinar a questão de investigação, 4) desenvolver uma hipótese e 5) operacionalização (ou seja, descobrir como medir com precisão os factores que se pretende medir). Para a investigação que utiliza inquéritos, duas considerações adicionais são de primordial importância: amostragem representativa e conceção da pergunta.

Amostragem representativa

Uma amostra é representativa quando é uma representação proporcional exacta da população em estudo. Para ser uma amostra verdadeiramente representativa, cada aluno teria de ter tido a mesma hipótese de ser escolhido para participar no inquérito. A isto chama-se aleatoriedade.

Para garantir ainda mais que a amostra é verdadeiramente representativa da população, pode ser necessário utilizar uma técnica de amostragem chamada estratificação. Para estratificar uma população, é necessário decidir quais as subcategorias da população que podem ser estatisticamente significativas. Por exemplo, os estudantes de pós-graduação, enquanto grupo, têm provavelmente opiniões diferentes das dos estudantes de licenciatura, pelo que devem ser reconhecidos como estratos separados da população. Assim que tiver uma lista dos diferentes estratos, juntamente com as respectivas percentagens, pode dar instruções ao computador para selecionar novamente os alunos de forma aleatória, desta vez tendo em conta que uma determinada percentagem é de alunos licenciados, uma determinada percentagem é de alunos com distinção e uma determinada percentagem é de finalistas. Obteria assim uma amostra mais representativa.

Pergunta Conceção

É importante conceber as perguntas com muito cuidado. Um questionário mal concebido torna os resultados insignificantes. Há muitos factores a ter em conta. Babbie dá as seguintes indicações:

1. Esclareça as questões (não parta do princípio de que a pessoa a quem está a fazer a pergunta conhece os termos que está a utilizar).

2. Evite as perguntas de duplo sentido (certifique-se de que a pergunta só faz uma coisa clara).

3. O inquirido deve ser competente para responder (não faça perguntas às quais o inquirido não seja capaz de responder com exatidão).

4. As perguntas devem ser relevantes (não faça perguntas sobre tópicos que não interessam aos inquiridos ou sobre os quais não pensaram).

5. É preferível utilizar artigos curtos (para que possam ser lidos, compreendidos e respondidos rapidamente).

6. Evitar itens negativos

7. Evite itens e termos tendenciosos (seja sensível ao efeito da sua redação nos inquiridos).

8. Busha e Harter apresentam a seguinte lista de 10 sugestões:

9. A menos que a natureza do inquérito justifique a sua utilização, evite a gíria, o jargão e os termos técnicos.

10. Sempre que possível, desenvolver métodos de resposta coerentes.

11. As perguntas devem ser tão impessoais quanto possível.

12. Não influencie as respostas posteriores pela redação utilizada nas perguntas anteriores.

13. Regra geral, as perguntas devem ser colocadas em sequência, do geral para o específico.

14. Se forem utilizadas perguntas fechadas, tente desenvolver alternativas de resposta exaustivas e mutuamente exclusivas.

15. Na medida do possível, as perguntas com conteúdo semelhante devem ser colocadas juntas no instrumento de inquérito.

16 Faça com que as perguntas sejam tão fáceis de responder quanto possível.

17 Quando for necessário definir termos únicos e invulgares nos itens do questionário, utilize definições muito claras.

18 Utilizar um formato de questionário atrativo que transmita uma imagem profissional.

19 Como se pode ver, conceber boas perguntas é muito mais difícil do que parece. Uma forma eficaz de garantir que as perguntas medem o que é suposto medirem é testá-las primeiro, utilizando pequenos grupos de discussão.

Limitações

Como em toda a investigação, existem limitações à interpretação dos resultados e outras questões que devem ser consideradas quando se tenta generalizar as análises a questões de interesse mais vasto. Segue-se uma análise de algumas destas questões.

Embora o inquérito seja testado antes da sua aplicação, a interpretação diferente das perguntas pode influenciar a resposta a alguns itens. Além disso, como não é utilizado um grupo de controlo, algumas tendências seculares podem ser afectadas.

Introdução às instituições de ensino

<u>Campus de Amity Lucknow</u>

A Fundação Ritnand Balved para a Educação (Fundação Amity) é uma das principais fundações sem fins lucrativos da Índia activas no domínio da educação. A Fundação Amity criou e financiou algumas das principais instituições na Índia, que têm mais de 45 000 estudantes em 600 acres de campus. A Amity orgulha-se de ter criado a primeira e maior universidade privada (sem fins lucrativos) da Índia, o primeiro campus sem fios da Índia, a escola privada de gestão nº 1 da Índia, a escola de biotecnologia nº 1 e a escola de engenharia pvt. Escola de Engenharia com a melhor classificação em termos de colocações, entre muitas outras realizações.

A Amity está sempre na vanguarda da tecnologia e da educação e foi uma das primeiras a lançar programas como o Direito Cibernético, a Bioinformática e a Nanotecnologia, entre muitos outros. As instituições Amity têm atualmente mais de 2500 membros do corpo docente, incluindo seis antigos vice-reitores e muitos cientistas, académicos e líderes empresariais de renome.

A Fundação Amity criou mais de 50 milhões de rúpias (10 milhões de dólares) em bolsas de estudo e bolsas de estudo de que já beneficiaram milhares de estudantes brilhantes.

A Amity University Uttar Pradesh foi fundada pela Ritnand Balved Education Foundation (RBEF), um fundo fiduciário registado sem fins lucrativos que se dedica à promoção da educação, ao desenvolvimento de recursos humanos, ao bem-estar social e ao desenvolvimento rural. O espírito que move a Fundação é o seu ilustre fundador, o Dr. Ashok K. Chauhan, presidente do AKC Group of Companies e um ícone no domínio da educação e do empreendedorismo.

Criada em 1986, a RBEF tem, desde então, criado várias instituições de renome e de prestígio sob a égide da Amity. Atualmente, a Amity é um dos principais grupos de instituições de ensino privadas na Índia, com mais de 100 instituições de classe mundial que ministram 130 cursos de licenciatura e pós-graduação a 45.000 estudantes em vários campus integrados.

A Fundação tem como objetivo colocar a Índia no mapa mundial como uma nação desenvolvida e estabelecer a sua imagem como uma superpotência do novo milénio. Para realizar os seus objectivos, a Fundação criou a Amity University, Uttar Pradesh, com sede em Gautam Buddha Nagar, Noida (Uttar Pradesh), como a sua instituição de topo

A visão de Amity:-

Empenho numa educação inovadora, contemporânea e baseada em competências de nível mundial, e paixão pela sinceridade, dedicação e excelência

A missão de Amity:- A missão de Amity

Desenvolver a personalidade global dos estudantes, tornando-os não só excelentes profissionais mas também bons indivíduos.

Governação:-

Criada ao abrigo da "Amity University Uttar Pradesh Act, 2005" e notificada através da Notificação do Governo de Uttar Pradesh Gazette No. 403/VII-V-1-1(Ka) 1/2005 de 24 de março de 2005.

Um marco no esforço incessante da Amity para alcançar a excelência educativa é a criação da Amity University, em Uttar Pradesh, como uma universidade que marca o ritmo. Criada através de uma lei aprovada pela Assembleia Legislativa de Uttar Pradesh e notificada pelo Governo do Estado, a Universidade está empenhada em proporcionar um ensino de qualidade baseado em competências, comparável ao melhor dos padrões internacionais. Tal como todas as instituições Amity, a Universidade subscreve a filosofia de combinar a modernidade com a tradição e de cultivar o talento.

Amity Campus Lucknow:-

Criada sob a égide da Ritnand Balved Education Foundation, um fundo de educação sem fins lucrativos, há mais de 10 anos, a Amity é atualmente o principal grupo de instituições de ensino na Índia, onde 35 000 estudantes frequentam mais de 130 programas, distribuídos por 18 campus

Ao longo dos anos, alguns dos estudantes mais brilhantes de Uttar Pradesh vieram estudar nos campus de última geração da Amity em Deli e Noida. Agora, Amity traz a mesma educação de padrão global diretamente à sua porta, estabelecendo o campus hi-tech de Lucknow, operacional desde agosto de 2004.

Os profissionais em início de carreira no campus de Lucknow serão assistidos pela mesma equipa que se dedica a garantir a colocação a 100% dos estudantes noutros campus da Amity. Além disso, serão disponibilizadas instalações residenciais modernas para proporcionar aos estudantes uma experiência de "casa longe de casa".

A partir de agosto de 2004, uma combinação do campus de mais alta tecnologia, um corpo docente dedicado que inclui líderes de pensamento e profissionais em exercício, um currículo rigoroso e uma metodologia de ensino inovadora, irá certamente ajudar os estudantes de Uttar Pradesh a prepararem-se para a vida.

Tecnologia na Amity

Primeiro campus WI-Fi na Índia.

Primeiro instituto educativo a lançar um canal educativo 24 X 7.

Amity é o primeiro campus sem fios da Índia.

O objetivo do ABS tem sido sempre estar na vanguarda da utilização das TI e aproveitar o poder das TI para tornar a aprendizagem informativa e divertida. A tecnologia de ponta no centro informático inclui o seguinte:

• 72 PCs com processadores Pentium incorporados baseados em máquinas HP/IBM/HCL e 310 computadores portáteis compaq.

• Toda a rede assenta em quatro servidores HP e IBM (Firewall, Intranet, Mail, Attachments File & Print).

•	Os estudantes e os membros do corpo docente podem aceder à Internet em todo o campus com a ajuda de uma ligação de rádio de banda larga e de uma linha ISDN de apoio.

•	Estão disponíveis instalações de correio eletrónico para professores e estudantes.

•	O software mais recente está disponível para permitir que os estudantes trabalhem em análise de dados, tecnologias Web e conceção de software.

•	A intranet da ABS automatiza verdadeiramente o processo de execução e permite a circulação de dados entre departamentos.

REPRESENTAÇÃO PICTÓRICA DO CAMPUS WI-FI

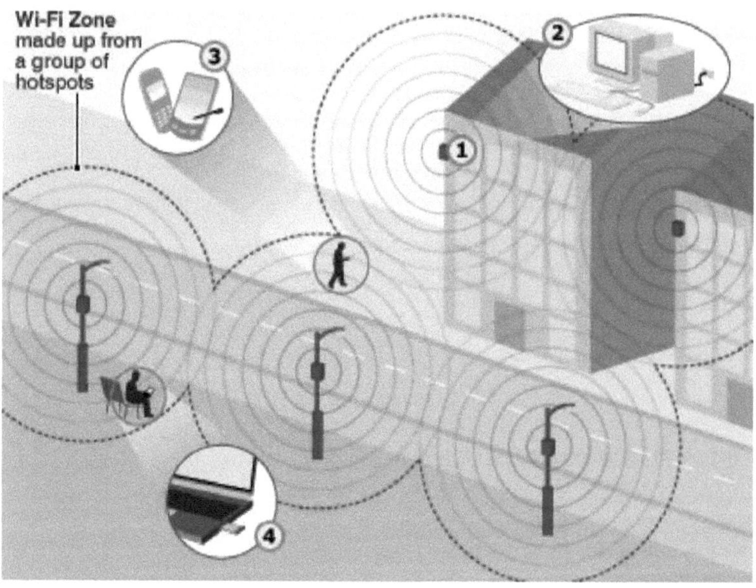

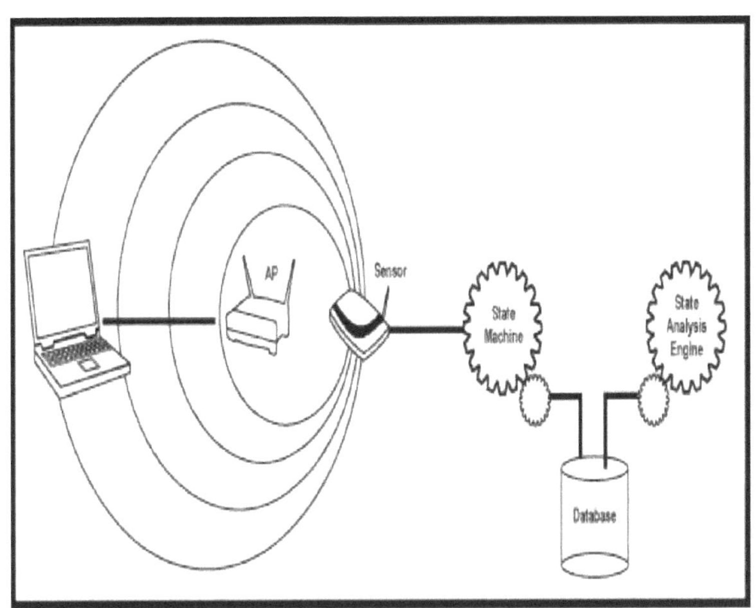

(SECÇÃO COM FIOS DO PROTOCOLO DO HUB ETHERNET)

A extensão 802.11a ("outra banda") funciona com uma especificação de camada física diferente da norma 802.11 a 2,4 GHz. O 802.11a funciona a 5 GHz e suporta velocidades de transmissão até 54 Mbps. A FCC atribuiu 300 MHz de espetro de RF para funcionamento não licenciado na gama de 5 GHz. Embora o 802.11a suporte débitos de dados muito mais elevados, a distância efectiva de transmissão é muito inferior à do 802.11b e não é compatível com o equipamento 802.11b e, no seu estado atual, só pode ser utilizado nos EUA. No entanto, vários fornecedores adoptaram a norma 802.11a e alguns têm dispositivos AP e placas de rede com suporte de banda dupla.

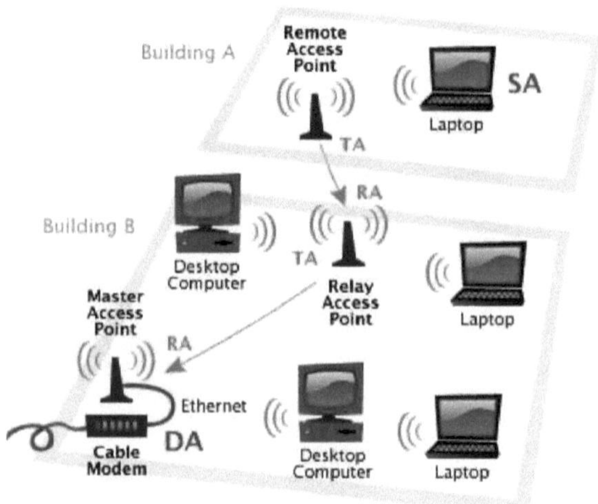

PROCESSO DE LIGAÇÃO DO COMPUTADOR PORTÁTIL À ANTENA WI-FI

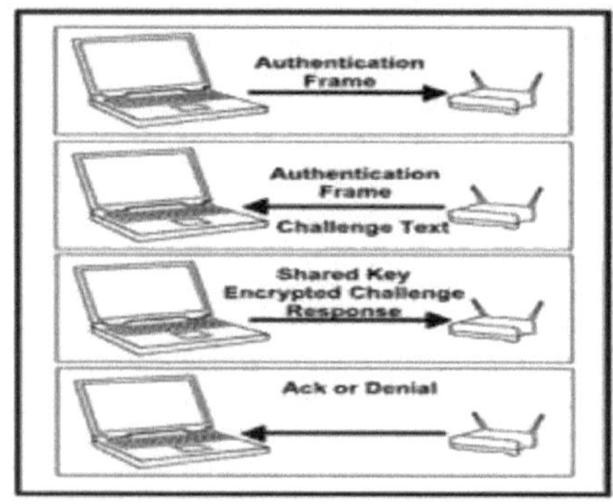

Distribuição dos alunos de acordo com a especialização que escolheram:

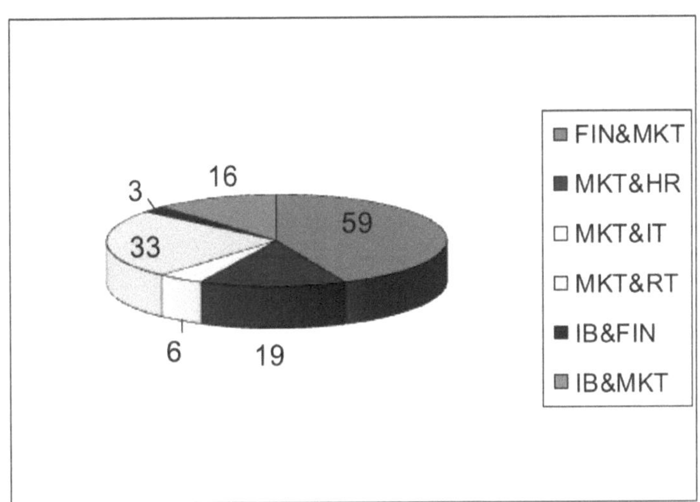

Utilização da tecnologia da informação nos estudos dos membros do corpo docente:

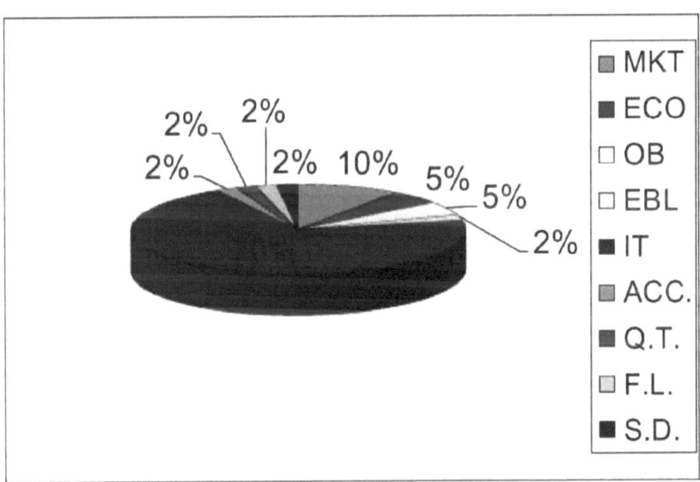

LABORATÓRIO DE INFORMÁTICA:-

*   Para acompanhar as últimas tendências num ambiente em rápida mutação e proporcionar o melhor aos estudantes, a Universidade criou um centro cibernético de última geração com uma área de 300 m2 e todas as comodidades modernas, como multimédia, Internet e correio eletrónico.

*   O Cyber Centre dispõe de um servidor da série IBM X220 com capacidade para dois processadores e mais de 100 nós que estão ligados em rede através do Windows NT.

*   Cada nó é um Compaq Deskpro EP com a mais recente tecnologia. O centro dispõe de boas instalações de impressão com impressoras DMP, de jato de tinta e laser. Os centros também dispõem de instalações de gravação de CD e de digitalização.

*   O centro cibernético está também equipado com os mais recentes programas informáticos. O centro tem membros do corpo docente altamente qualificados que orientam os estudantes de tempos a tempos.

Utilização do laboratório de informática pelos estudantes para diversos fins:-

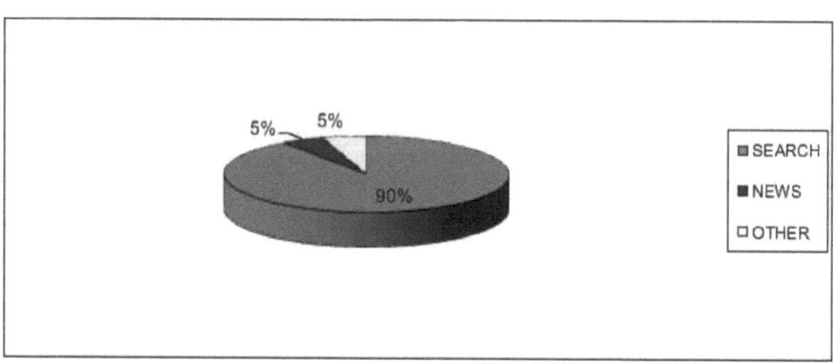

Instalações laboratoriais próprias

*   Endereço do sítio Web da faculdade:-www.amity.edu

- E-mail:-admission@amity.edu

- N.º total de sistemas:-60

- Empresa de computadores:- COMPAQ

N.º de computadores presentes no gabinete:-Disponíveis em todos os departamentos da faculdade.

Configuração da rede:

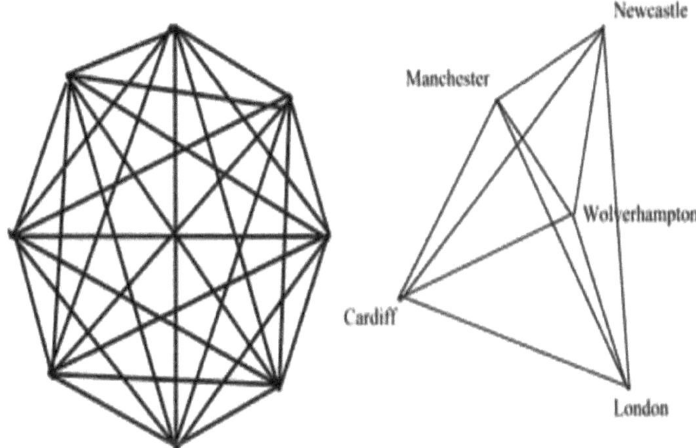

- Não é comum em LANs

- Mais frequentemente utilizado em WANs para interligar LANS

- Cada nó está ligado a todos os outros nós

- Permite a continuação da comunicação em caso de interrupção de uma das ligações

- É "tolerante a falhas"

Facilidade de acesso à Internet

- Instalação de Wi-Fi:- O campus tem Wi-Fi.

- Número de antenas presentes no campus:-1

- Memória do sistema:-80 GB.

- Técnica de transferência de dados presente:-TCP/IP

- Tipo de software:- Software multimédia, Turbo C para fins de programação.

- Pacotes disponíveis:- Pacotes estatísticos como SPSS, MS Access, MS Excel

- Base de dados disponível:- Prowess, Business Beacons, Estatísticas económicas internacionais.

- Centro de videoconferência

<u>Utilização das tecnologias da informação em diferentes departamentos :</u>

<u>Gabinete de Admissão:-</u>

- Registo em linha dos estudantes.

- Receção e venda de formulários.

- Estado de "Seleção" e "Rejeição" dos alunos.

- Fornecer códigos de identificação aos alunos.

- Manutenção dos dados do pessoal docente e não docente.

- Assiduidade dos estudantes durante os testes de acesso.

- Avaliação das provas de exame.

- Lista de admissão provisória/conforme, lista de bolsas de estudo.

<u>Departamento Académico</u>

- Manutenção de registos relacionados com as actividades, os resultados e a assiduidade dos alunos.

- Há uma grande utilização da intranet neste departamento.

- Utilizar para o curso de correspondência na circulação de avisos, cartas, mensagens electrónicas, etc.

- Utilizar para registar as notas dos alunos.

- Utilização máxima do MS-WORD e do EXCEL

<u>Utilização de TI para o departamento de contabilidade</u>

- Ao introduzir os dados relativos às propinas dos estudantes na base de dados.

- Analisar os dados e a informação de toda a Escola de Gestão.

- O sistema de informação contabilística é normalmente integrado com outros sistemas de informação noutras partes da escola de gestão, o que facilitará o seu processamento.

*   Podem ser geradas demonstrações financeiras da escola B.

Utilização dos computadores da biblioteca :-

*   Com a ajuda da tecnologia da informação, mantêm um registo do grande número de livros distribuídos aos estudantes.

*   E é fácil localizar o livro, ou seja, que livro é emitido para quem.

*   Poupa muito tempo.

*   Poupa muita papelada.

*   Existe um catálogo informatizado.

IIM LUCKNOW

Sem ferramentas, a aprendizagem é incompleta. Embora qualquer instituto possa reivindicar a excelência, só o IIM Lucknow pode afirmar que é um dos principais institutos de estudos de gestão da região. Este instituto oferece aos seus estudantes e professores todas as facilidades necessárias para os ajudar na sua busca de conhecimentos.

Situado numa vasta área de 200 acres, o IIM Lucknow é um instituto totalmente residencial, com capacidade para alojar 500 estudantes e 75 professores. Com um complexo comercial e todas as outras instalações, este instituto é uma cidade dentro de si - uma cidade em que todos os residentes têm um objetivo comum - desfrutar do processo de aprendizagem.

O IIM Lucknow tem como objetivo ajudar os seus membros a aprender mais profundamente, a compreender mais profundamente e a implementar de forma mais abrangente. As suas instalações de TI de última geração são talvez as melhores do país. Aberto 24 horas por dia, o centro informático ajuda os estudantes a recolher informação relevante de recursos globais e prepara-os com uma estrutura sobre a qual podem construir os seus conhecimentos.

O extenso campus do Instituto tem cerca de 200 acres de terra. Os relvados verdes bem cuidados, os canteiros de flores e as fileiras de árvores inspiram o corpo, a mente e a alma. Os murais estrategicamente localizados e os edifícios cuidadosamente baptizados como Chintan (o Bloco dos Docentes), Bodhgriha (o Bloco PGP), Manthan (o Bloco MDP), Gyanodaya (Biblioteca: O Centro de Recursos de Aprendizagem), Centro Informático (com instalações informáticas de última geração) e Samadhan (o Bloco Administrativo) motivam o processo de pensamento para se concentrar em áreas específicas de actividades, bem como para integrar o processo global de geração, aplicação e divulgação de conhecimentos.

"Gyanodaya"- a casa da aprendizagem. A biblioteca do IIM Lucknow caracteriza o que o instituto representa - acessibilidade, visão e excelência. Esta espaçosa biblioteca de dois andares, com 30.000 pés quadrados, é um repositório de conhecimentos históricos e actuais. Os estudantes podem utilizar estas instalações 24 horas por dia para cimentar os conhecimentos que adquiriram, obtendo uma visão da sua implementação.

As mini-lojas de departamentos bem abastecidas geridas pelo Kendriya Bhandar, o centro de comunicações STD/PCO, os correios, o banco, a cafetaria, as máquinas de venda automática de chá/café, o centro de saúde e o Kendriya Vidyalaya facilitam aos residentes do campus as suas necessidades quotidianas. As instalações de cuidados médicos concebidas de forma única, talvez as únicas do género no país, proporcionam uma estrutura flexível de apoio aos cuidados médicos através de médicos internos, dispensários com uma rede de hospitais associados e dão aos empregados a opção de reembolso do seguro de assistência médica para tratar da hospitalização e de outras despesas relacionadas.

Embora a uma distância de cerca de 8 km, nos arredores da cidade, os habitantes do campus não se sentem afastados das comodidades cívicas, graças à necessidade de serviços regulares de transporte do campus para a cidade e para as escolas importantes.

Os estudantes têm também à sua disposição uma série de instalações desportivas - afinal de contas, há muito a aprender nesta arena. Com a possibilidade de escolher entre uma vasta gama de desportos individuais e de equipa, um estudante do IIM Lucknow é um indivíduo equilibrado, que compreende os benefícios do lazer, bem como as recompensas de um trabalho bem feito.

O Centro de Informática está instalado num edifício espaçoso de 15.000 pés quadrados, com dois pisos, ar condicionado, localização central e conceção funcional, e está equipado com os recursos informáticos mais avançados para satisfazer as necessidades das actividades académicas e administrativas do Instituto. A infraestrutura do Centro Informático do IIML inclui uma rede de fibra ótica em todo o campus que liga máquinas em plataformas heterogéneas a vários servidores. A rede permite a acessibilidade de 1300 nós a cada um destes servidores para partilhar diferentes recursos de hardware e software.

Os recursos de hardware do Instituto incluem computadores (de Pentium a Xeon), impressoras e scanners pesados. Os recursos de software incluem uma grande variedade de pacotes de processamento de texto, folhas de cálculo, bases de dados, ferramentas de estudo de casos, sistemas periciais, compiladores de linguagens de programação de alto nível, software de programação visual, pacotes estatísticos, de modelação ou de OR e bases de dados industriais

Todos os edifícios, incluindo os albergues, ou seja, o Bloco da Faculdade, o Bloco Académico, o Centro Informático e a Biblioteca estão ligados através de uma rede rápida comutada por ethernet.

Todos os componentes do Instituto estão ligados à Internet através da STPI e da VSNL a 1 Mbps cada. Todos os estudantes recebem uma conta de correio eletrónico e espaço de armazenamento suficiente ao entrarem no Instituto e têm acesso permanente à Internet a partir dos seus respectivos quartos.

Instalações especiais

Como parte dos seus esforços para desenvolver centros de excelência em diferentes áreas da gestão, o Instituto está a criar instalações especializadas para apoiar as suas actividades de ensino, investigação e formação.

• O Instituto criou um laboratório de apoio à decisão em matéria de gestão da produção, constituído por uma rede local baseada em PC, incluindo um servidor Pentium NT, quatro nós Pentium, ligação em rede, impressão, etc. O âmbito do laboratório foi alargado à gestão total da empresa, com a adição de um servidor topo de gama. Os ambientes de decisão de fabrico são criados com recurso a software de ponta, como o simulador de fabrico "Taylor-II for Windows", o software de simulação "Arena Professional Edition", o pacote de modelação rápida "MPX", o conjunto de conceção de layouts "Factory Planning System", o jogo de simulação de programação "Production The TOC Way", etc. Os programas informáticos são utilizados para estudar a análise, a conceção e o funcionamento dos sistemas de fabrico.

• Foi criado um Laboratório de Tecnologia da Informação e Gestão de Software para fornecer aos estudantes metodologias de desenvolvimento de software de ponta, incluindo aplicações baseadas em rede. Este laboratório é composto por RS/6000 [AIX UNIX] com 5 nós Pentium com ligação à Internet.

• Foi criado um laboratório para a realização de investigação sobre metodologias avançadas de marketing, dotado de uma capacidade informática exclusiva de ponta.

• Foi criado um laboratório exclusivo de ensino/formação baseado em computador para simular o ambiente de ensino na sala de aula (campus virtual). Os produtos do laboratório serão colocados à disposição das instituições aprovadas pelo ALL INDIA COUNCIL OF TECHNICAL EDUCATION (AICTE).

• Foi criado um centro de incubação e inovação para promover o espírito empresarial entre os estudantes, utilizando tecnologias sofisticadas. Já foram criados laboratórios adicionais para mais instalações deste tipo, que incluem "Tecnologia da Informação e Gestão de Produtos de Software [ITSPM]", Metodologias Avançadas de Investigação de Marketing [AMMR]", Laboratório de Gestão do Conhecimento [KML] e Laboratório de Aprendizagem Virtual [VLL].

• Estes excluem os projectos em curso, como a presença global através de videoconferência, sistemas de gestão de aprendizagem eletrónica e serviço de cache proxy optimizado disponível localmente.

Esta secção oferece aos antigos alunos, professores e estudantes a possibilidade de partilharem informações, debaterem temas e interagirem uns com os outros no mundo em linha.

Os serviços atualmente disponíveis são um fórum de discussão para mensagens de grupo e notícias sobre o campus, com suporte completo para mensagens de utilizador e mensagens encadeadas, uma interface de correio Web para os utilizadores verificarem o seu correio e organizarem contactos, reuniões, etc., um servidor de chat e a sondagem da semana. Também está disponível um portal Web. O IIML tem os seguintes laboratórios informáticos especializados, criados para apoiar cursos específicos.

Laboratório de Decisões de Fabrico

Criado com o financiamento do All India Council for Technical Education (AICTE) e do Ministério do Desenvolvimento dos Recursos Humanos (MHRD), este laboratório responde às necessidades da disciplina opcional Manufacturing Systems Design. O laboratório aloja um IBM Netfinity 5500 com Windows NT e tem 4 HP Vectra Pentiums e 5 HCL Infinity Pentiums, dedicados a este curso. Software de simulação, software de filas de espera matemáticas, software Oracle ERP, etc. estão alojados neste laboratório.

Centro de Investigação do Comércio na Internet

Criado com o financiamento do Ministério do Desenvolvimento de Recursos Humanos, o CICV proporciona um ambiente de investigação heterogéneo para uma abordagem multidisciplinar do comércio na Internet. O Centro está equipado com um servidor

IBM/RS-6000 com AIX, vários servidores com Windows-NT, Linux e instalações multimédia. O ambiente de desenvolvimento heterogéneo, constituído por Apache, Microsoft IIS WebServer, Site Server, Index Server, conjuntos de ferramentas gráficas e bases de dados como Postgres, SQL Server, é utilizado para a realização de investigação sobre comércio eletrónico e para o desenvolvimento de projectos pelos estudantes.

Fluxo de trabalho e aplicações Internet

O IIM Lucknow assinou um acordo com a Lotus Development Corporation para criar um laboratório Lotus Work Flow no instituto

Pesquisa avançada de marketing

Campus virtual

Simulação de rede

Laboratório de Web Design e Intranet

Com uma rica coleção de mais de 60 000 recursos didácticos selecionados na disciplina de gestão e áreas afins, numa variedade de formatos e a funcionar num edifício espaçoso, centralmente localizado, com ar condicionado, construído de acordo com as linhas mais modernas, equipado com mobiliário e acessórios ergonomicamente concebidos, gerido por uma equipa de profissionais altamente dedicados, a biblioteca satisfaz as necessidades de informação da sua clientela altamente exigente, oferecendo uma vasta gama de serviços e produtos baseados nas tecnologias da informação (TI) (e de valor acrescentado).

Recursos de aprendizagem :

32 501 livros; 574 (367 estrangeiros) assinaturas actuais de revistas e periódicos; 12 913 volumes encadernados; 75 jornais e revistas; uma coleção única de 12 000 microformas de arquivos completos de periódicos de gestão essenciais; 4 000 documentos empresariais e complementares; 330 filmes/fitas; 11 bases de dados em CD-ROM.

Equipamentos e instalações:

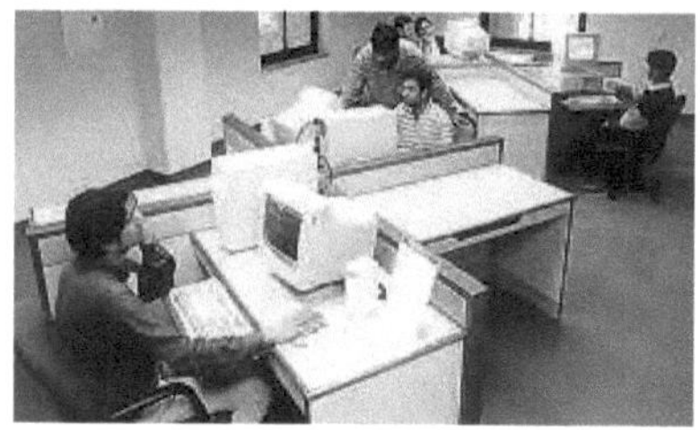

Solução de laboratório cibernético com servidor CD-Mirror (e rede em todo o campus)

- Laboratório audiovisual.

- Laboratório de Microformas e Reprografia.

- Secção Crianças

Serviços

- Carretéis de investigação

- Aberto 24 horas por dia

- Emissão/Retorno informatizado

- Catálogo de acesso público em linha (OPAC)

- Referências e informações

- Consciência atual: Conteúdos actuais, adições actuais

- Bibliográfico, ILL e Reprográfico

- Microformas e Audio-Visuais

- Acesso a bases de dados, pesquisa e recuperação

- Serviços baseados na Internet

- Entrega de documentos em linha/fora de linha

As instalações informáticas, disponibilizadas 24 horas por dia, são apoiadas por uma rede única em todo o campus que abrange os complexos académicos, o centro informático e a biblioteca - ligados por uma espinha dorsal de fibra ótica. Esta rede liga cerca de 150 máquinas, todas Pentiums, permitindo ao IIML ter um dos maiores rácios máquina-aluno entre as principais escolas B da Índia. Amplas instalações de impressão em rede satisfazem as necessidades dos estudantes e do corpo docente.

Infraestrutura Wi-Fi do IIM , LUCKNOW

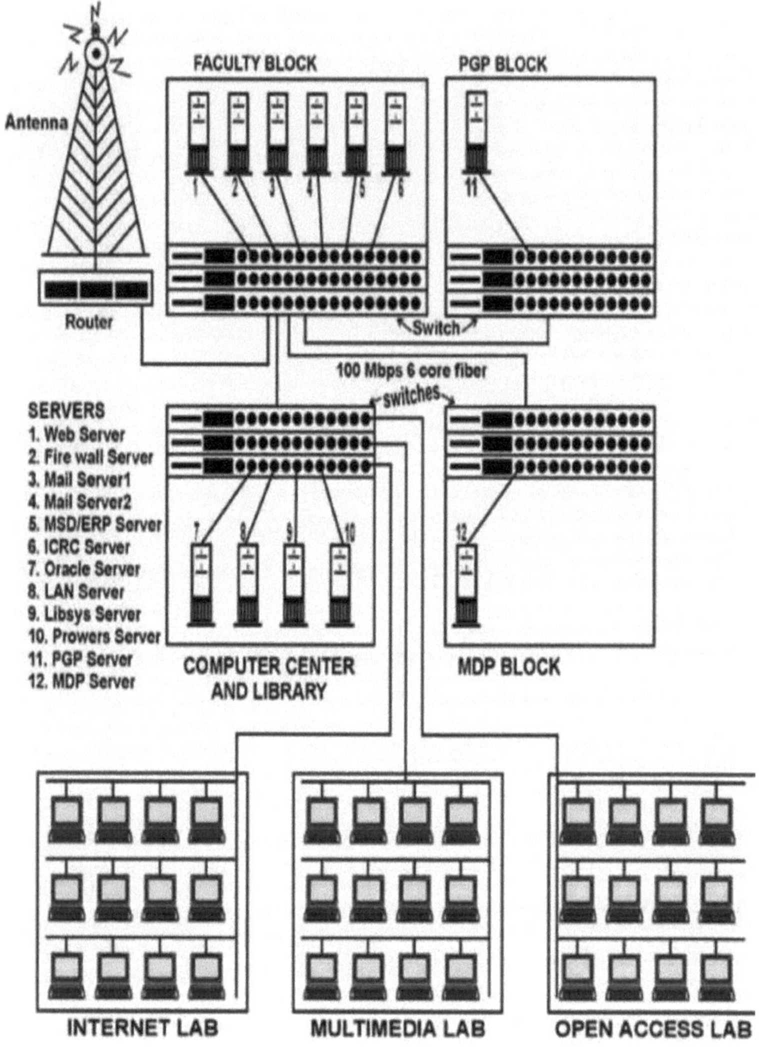

Os vários **sistemas operativos** disponíveis para os estudantes são

- LINUX , AIX

- NT Terminal Server Edition

- Windows 98/2000/XP

- Windows 2000 Server (Avançado)

Os estudantes têm à sua disposição as seguintes plataformas de software e desenvolvimento

- Office XP / 2003

- Reconhecimento de voz Dragon

- Base de raposa

- Foxpro

- SQL Server 2000

- CMIE Prowess , Capex, India Trade, First Source, Business Beacon

- ORACLE 8.0/ 8 i / 9i

- Designer 2000

- Programador 2000

- Borland C++

- Power Builder 5.0

- Visual Studio 6.0

- SPSS 10.1

- GPSS

- SAS

- PRISM

- QSB+

- Mathematica

- EX GNV

- Adobe Acrobat 5.0

- Magic 8.0

- JAWS

- Ulead GIF Animator 5

- Macromedia Flash MX

- Macromedia Dreamweaver MX

- ithink Analista

- Análises

- Nota final

- Contar

- Servidor de contabilidade de impressoras

- Servidor de Portal Share Point

- Conexão Neural

- CPLEX

- SHAZAM

Instituto Indiano de Tecnologia de Kanpur

O Instituto Indiano de Tecnologia, Kanpur, é uma das principais instituições criadas pelo Governo da Índia. O objetivo do Instituto é proporcionar uma educação significativa, realizar investigação original do mais alto nível e proporcionar liderança na inovação tecnológica para o crescimento industrial do país. O Instituto começou a funcionar no edifício emprestado do Instituto Tecnológico Harcourt Butler em 1959, com 100 estudantes e um pequeno corpo docente. Atualmente, o Instituto tem o seu próprio campus residencial, cerca de 2255 estudantes de licenciatura e 1476 estudantes de pós-graduação, 309 professores e mais de 900 funcionários de apoio. O registo combinado dos seus antigos e actuais professores e estudantes, juntamente com os antigos alunos espalhados por todo o mundo, é inspirador. Com as inovações pioneiras tanto no seu currículo como na investigação, o Instituto está rapidamente a ganhar uma reputação lendária.

O IIT-Kanpur está situado na Grand Trunk Road, 15 km a oeste da cidade de Kanpur e mede cerca de 420 hectares. Este terreno foi doado pelo Governo de Uttar Pradesh em 1960 e, em março de 1963, o Instituto tinha-se mudado para a sua localização atual. Se alguém o tivesse visitado nessa altura, teria visto uma colheita em pé, bosques de acácias, uma longa linha sinuosa de mangueiras imponentes, bandos de pavões e um cenário rural convencional da Índia. O campus residencial foi planeado e ajardinado com a esperança de libertar o ambiente. Residências, casas de professores e funcionários e edifícios comunitários rodeiam a área académica central para proporcionar flexibilidade de movimentos e comunicação. O responsável por esta transformação gigantesca foi o Sr. Achyut Kanvinde, um arquiteto sediado em Deli. Desde o início, o Instituto tem atraído académicos de todo o país. A rica diversidade cultural da Índia reflecte-se também nas actividades do campus do IIT-K.

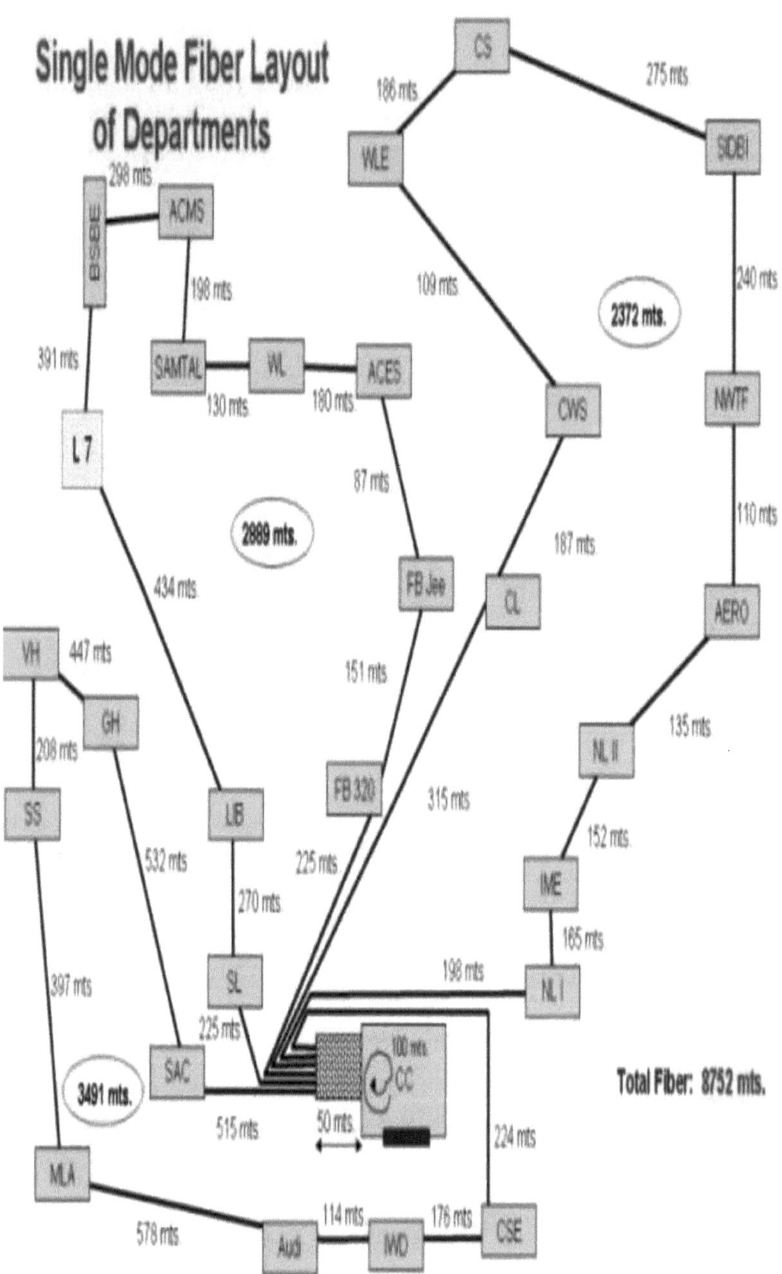

Single Mode Fiber Layout of Departments
CS
186 mts
275 mts
WLE
SIDBI
298 mts
BSBE
ACMS
240 mts
198 mts
109 mts
2372 mts.
391 mts
SAMTAL
WL
ACES
NWTF
130 mts
180 mts
L 7
CWS
87 mts
110 mts
187 mts
2889 mts.
434 mts
FB Jee
CL
AERO
VH
447 mts
151 mts
GH
135 mts
208 mts
NL II
SS
LIB
FB 320
315 mts
152 mts
532 mts
225 mts
IME
270 mts
165 mts
397 mts
SL
198 mts
NL I
225 mts
SAC
100 mts.
CC
3491 mts.
515 mts
50 mts
224 mts
Total Fiber: 8752 mts.
MLA
114 mts
176 mts
578 mts
Aud
IWD
CSE

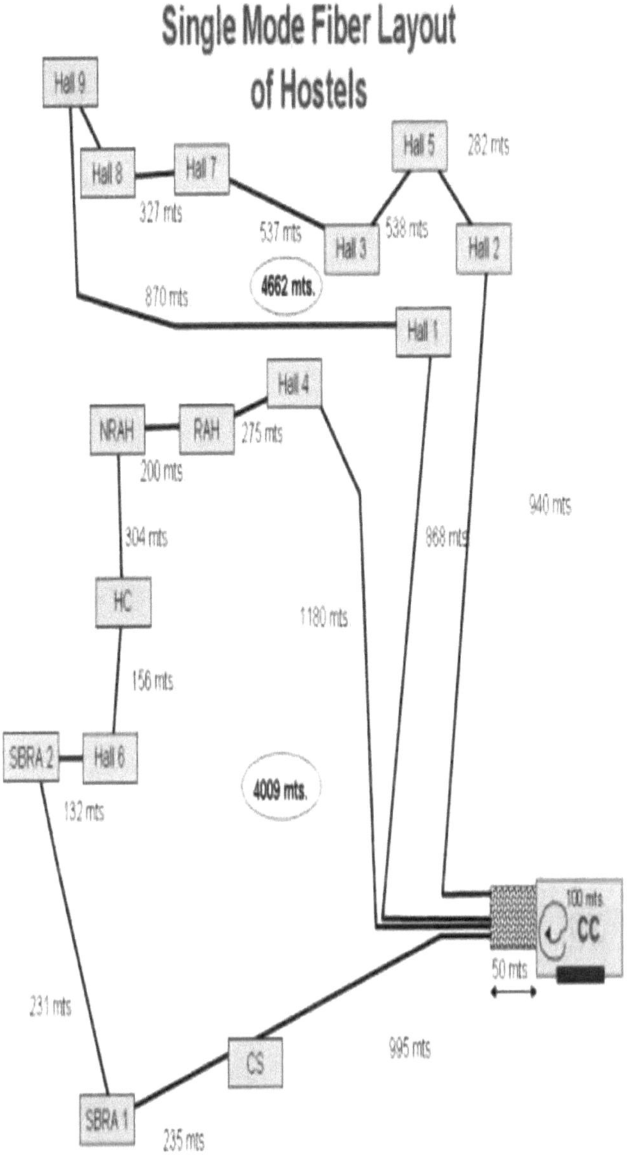

Single Mode Fiber Layout
of Hostels
Hall 9
Hall 8
Hall 7
Hall 5
282 mts
327 mts
537 mts
538 mts
Hall 3
Hall 2
4662 mts.
870 mts
Hall 1
Hall 4
NRAH
RAH
275 mts
200 mts
940 mts
304 mts
868 mts
HC
1180 mts
156 mts
SBRA 2
Hall 6
4009 mts.
132 mts
100 mts.
CC
231 mts
50 mts
995 mts
CS
SBRA 1
235 mts

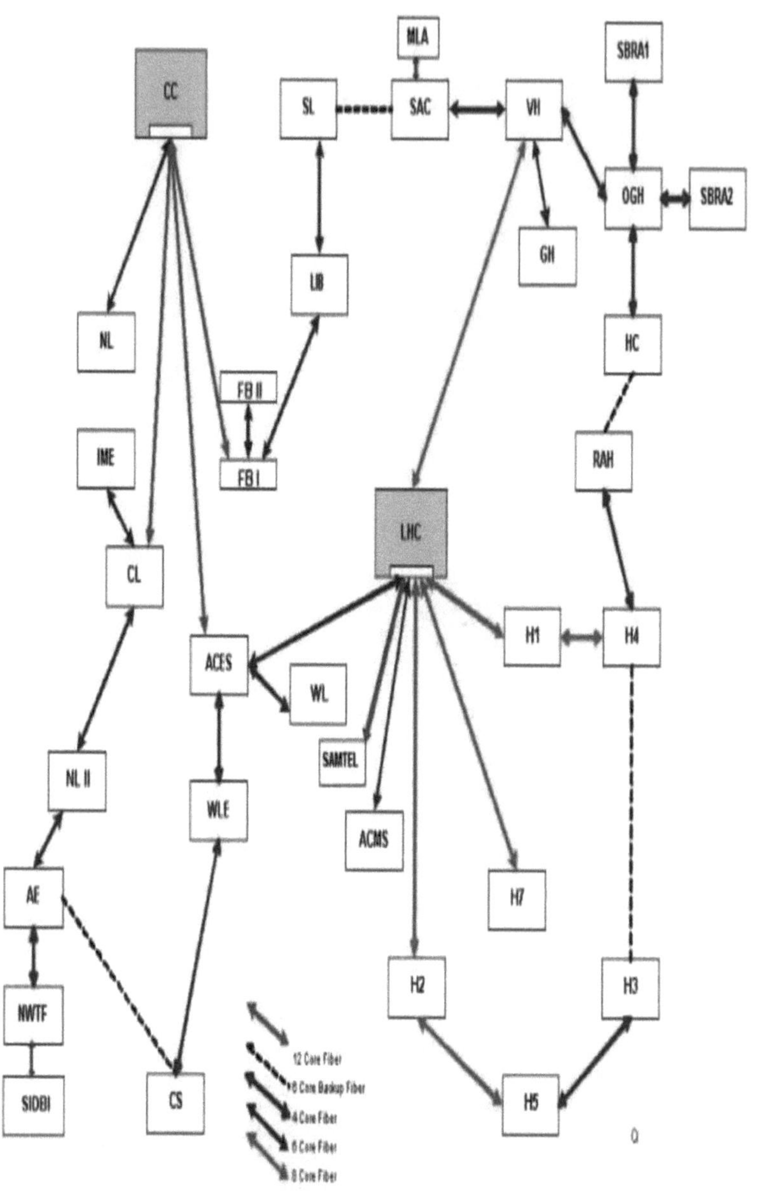

CENTRO INFORMÁTICO

Layout da rede da área do hostel

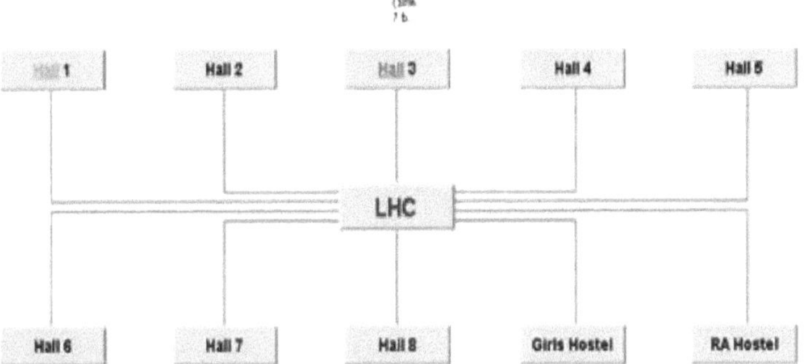

Software instalado

Pacotes CAD/CAM e de modelação de sólidos:

. SDRC I-DEAS Série Principal 11

- Autocad Elétrico 2005

- AutoDesk Inventor 9

- Autodesk Land Desktop 2005

- Mechanical Desktop 2005

- Desenho Raster 2005

- 3D Studio max 7

- Bentley Microstation - Para a conceção, construção e operação das infra-estruturas mundiais

Modelação de processos químicos:

- Aspen Plus 10.0A

- Aspen Tech 10.2

- Designer Super Pro

Bases de dados

Oracle 10 g

Pacotes de análise estatística:

- Estatística 5.5

- SPSS 13

Criação de sítios Web

- Macromedia Dreamweaver 4 com Macromedia Extension Manager

- Microsoft Office Front Page 2003

Conceção criativa e tratamento de imagens

- Imagem - Processamento e análise de imagens em Java

Análise de estabilidade

- Talren 97 v 2.1 -TALREN 97 é um código informático para a Análise de Estabilidade de Estruturas Geotécnicas. Permite a determinação da estabilidade de todo o tipo de estruturas geotécnicas, com ou sem qualquer tipo de armadura, resistindo a esforços de tração, compressão e/ou corte.

Ferramentas para resolver equações matemáticas simbólicas

- Mathcad 2000 Premium com extensões de receitas numéricas Software de cálculo para profissionais técnicos, tão versátil e poderoso como as linguagens de programação, mas tão fácil de aprender como um pacote de folhas de cálculo

- Maple 7 - O Maple 7 é um sistema informático completo para matemática avançada. Inclui recursos para álgebra interactiva, cálculo, matemática discreta, gráficos, computação numérica e muitas outras áreas da matemática. Também proporciona um ambiente único para o desenvolvimento rápido de programas matemáticos utilizando a sua vasta biblioteca de funções e operações incorporadas Mathematica 5.1.

Apresentações gráficas

- Axum6.0 - fornece tudo o que é necessário para criar facilmente uma grande variedade de gráficos técnicos profissionais.

- Intergraph Smartsketch 3Um poderoso pacote de desenho técnico. Inclui o Voloview Express da Autodesk.

- Origin6.1Pro - Um poderoso software de análise de dados e gráficos técnicos

<u>Simulações de circuitos eléctricos</u>

- AimSpice (versão para estudantes)

- National Instruments Labview 7

<u>Simulação</u>

- Arena 3.0

- Solver Suite composto por Lindo, Lingo e What's Best!

<u>Desenvolvimento</u>

- JDK 1.4 juntamente com Forte para Java

- Microsoft Visual Studio 6 (inclui Visual C++, Visual Basic e Visual FoxPro)

- Lahey Fortran 95

- Bibliotecas NAG para Fortran, com navegador Textware para leitura de manuais NAG

- Cygwin

<u>Conjunto de escritório</u>

<u>Microsoft Office 2003 Professional Suite composto por -></u>

Microsoft Office Word 2003 (processamento de texto)

Microsoft Office Access 2003, (base de dados)

Microsoft Office Excel 2003 (folhas de cálculo)

Microsoft Office Power Point 2003 (apresentações)

Microsoft Office Infopath 2003 (conceção e preenchimento de formulários electrónicos)

Microsoft Office Outlook 2003 (cliente de correio eletrónico)

Microsoft Office Publisher 2003 (processamento de texto)

<u>Diversos</u>

- Adobe Acrobat 6.0 Standard

- Adobe Reader 7.0

- Internet Explorer 6 (shockwave/flash ativado)

- Muitos outros acessórios úteis como ws_ftp32, Winzip, ssh

Bibliotecas

NAG (Grupo de Algoritmos Numéricos)

A biblioteca Fortran, está disponível em vários sistemas em CC. Tem uma reputação mundial de longa data pela excelência das suas bibliotecas numéricas e estatísticas.

A versão atual disponível na CC é a Mark 19. Tem 1155 rotinas, das quais 62 são novas na Mark 19. Estas estendem-se às áreas das transformadas rápidas de Fourier (FFTs), otimização, problemas de valores próprios (LAPACK), álgebra linear esparsa, estatística, investigação operacional e ordenação.

SPSS (Statistical Package for the Social Sciences)

O SPSS é um produto de gestão e análise de dados. Pode efetuar uma variedade de funções de análise e apresentação de dados, incluindo análise estatística e apresentação gráfica de dados.

Estatísticas

É um sistema abrangente e integrado de análise de dados, gráficos, gestão de bases de dados e desenvolvimento de aplicações personalizadas que inclui uma vasta seleção de procedimentos analíticos básicos e avançados para aplicações comerciais, de extração de dados, científicas e de engenharia.

Deform (Ambiente de Conceção para Conformação)

O Deform é um software de engenharia que permite aos projectistas analisar processos de conformação de metais no computador e não no chão de fábrica, através de tentativa e erro. A simulação de processos utilizando o DEFORM tem sido fundamental para a melhoria de custos, qualidade e entrega em empresas líderes há quase uma década.

Mathcad

O Mathcad oferece um ambiente integrado para a realização e comunicação de trabalhos relacionados com a matemática.

Sistema operativo

Solaris 8

O ambiente operativo Solaris 8 é reconhecido pela indústria como o principal ambiente

UNIX para sistemas de arquitetura SPARC e Intel. Garante alta velocidade, atualização em tempo real, reconfigurações dinâmicas automáticas, hot relief, diagnósticos hot, domínios de sistema dinâmicos, fail over e equilíbrio da rede IP, registo do sistema de ficheiros UNIX e consola remota.

IRIX 6.5

O IRIX 6.5 é o sistema operativo UNIX de 64 bits de quinta geração. É compatível com a versão UNIX System V e com as várias normas do Open Group, incluindo UNIX 95, Year 2000 e POSIX.

Tru64 Unix

O Tru64 Unix está preparado para a Internet, é fácil de gerir, é compatível com o Linux e o Windows e tem um poder empresarial sem limites. Pode tirar o máximo partido da arquitetura Alpha de 64 bits nos sistemas Alpha Server.

HP-UX

O HP-UX é o melhor sistema operativo para computação crítica para a Internet. O seu 11i é o primeiro ambiente operativo criado especificamente para serviços electrónicos de ponta a ponta.

Redhat 7.2 (linux)

O Redhat Linux é um sistema operativo UNIX semelhante ao trabalho. É fornecido com o código-fonte completo e uma grande quantidade de freeware UNIX, incluindo o compilador GNU C (e C++), Perl e Tcl/Tk. Funciona numa variedade de arquitecturas de computadores, incluindo ARM, SPARC, Alpha, Power PC, MIPS e Intel.

Windows NT

O Windows NT oferece um conjunto consistente de serviços, interfaces de aplicações, APIs e ferramentas de gestão em CPUs Intel n86 e Digital Alpha numa variedade de hardware, desde computadores portáteis e de secretária, estações de trabalho a servidores multiprocessados e com capacidade de agrupamento.

Linguagens de programação

Fortran 90

Para além das versões anteriores, suporta a forma de fonte livre, a sintaxe de matriz, o armazenamento dinâmico e os apontadores, os tipos de dados portáteis, os tipos de dados derivados e os operadores, a recursão e os módulos.

Linguagem de programação C

O C é frequentemente designado por linguagem de programação de "nível intermédio". As suas principais caraterísticas são a portabilidade do compilador, o conceito de biblioteca normalizada, um repertório poderoso e variado de operadores, uma sintaxe elegante, o acesso imediato ao hardware quando necessário e a facilidade com que as aplicações podem ser optimizadas através da codificação manual de procedimentos isolados.

Linguagem de programação C++

O C++ fornece um modelo de memória e computação que se aproxima do modelo da maioria dos computadores. Fornece mecanismos poderosos e flexíveis de abstração, ou seja, construções linguísticas que permitem ao programador introduzir e utilizar novos tipos de objectos que correspondem aos conceitos da aplicação.

Pascal

Pronunciada pass-kal, é uma linguagem de programação de alto nível desenvolvida por Niklaus Wirth no final da década de 1960. O seu nome é uma homenagem a Blaise Pascal, um matemático francês do século XVII que construiu uma das primeiras máquinas de somar mecânicas. É mais conhecida pela sua afinidade com as técnicas de programação estruturada. A natureza da linguagem obriga os programadores a conceber programas de forma metódica e cuidadosa.

A linguagem de programação Ada foi concebida para sistemas de longa duração, para ser mais fácil de compreender do que concisa e para ser fiável. É mais adequada para a programação de sistemas, sistemas em tempo real, sistemas distribuídos, sistemas de informação, algoritmos numéricos e segurança e proteção. **JAVA**

A plataforma de linguagem de programação Java fornece uma linguagem de programação portátil, interpretada, de elevado desempenho, simples e orientada para os objectos e um ambiente de tempo de execução de apoio.

Visual Studio

O Visual Studio fornece as ferramentas para conceber e criar rapidamente aplicações Web, aplicações baseadas no Windows e serviços Web XML. **Idade Visual**

O Visual Age é utilizado para desenvolver aplicações de intranet e-business de forma rápida e eficiente.

Software de escritório

O seguinte software está disponível para fins de automatização do escritório:

1. Applixware

2. Staroffice

3. Backoffice

4. Escritório2000

5. Tipo de matéria

6. Página inicial

7. Obras

8. Projectos

Pacotes de bases de dados

O Instituto adquiriu os seguintes pacotes de SGBD.

1. Oracle 8

2. Ingres

3. Visual Foxpro

Sobre a VPN (Rede Privada Virtual)

O Centro Informático da IITK instalou um servidor de Rede Privada Virtual (VPN) para permitir o acesso aos recursos informáticos da IITK através da infraestrutura pública de telecomunicações e da Internet. A VPN utiliza encriptação e outros protocolos de segurança fortes e permite que dois computadores criem um túnel de comunicações privado e seguro através da Internet. Isto garante que apenas os utilizadores autorizados podem aceder à rede IITK e que os seus dados não podem ser interceptados

"Uma VPN é uma rede privada que utiliza uma rede pública (normalmente a Internet) para ligar sites ou utilizadores remotos. Em vez de utilizar uma ligação dedicada e real, como uma linha alugada, uma VPN utiliza ligações "virtuais" encaminhadas através da Internet entre dois locais, desde a rede privada da empresa até ao local remoto ou ao empregado.

A VPN permite que os utilizadores autorizados se liguem de forma segura à rede de dados do IITK a partir de fora do campus, utilizando vários fornecedores de serviços Internet (ISP) comerciais (ou seja, Satyam, BSNL, Reliance, MSN, AOL), etc.

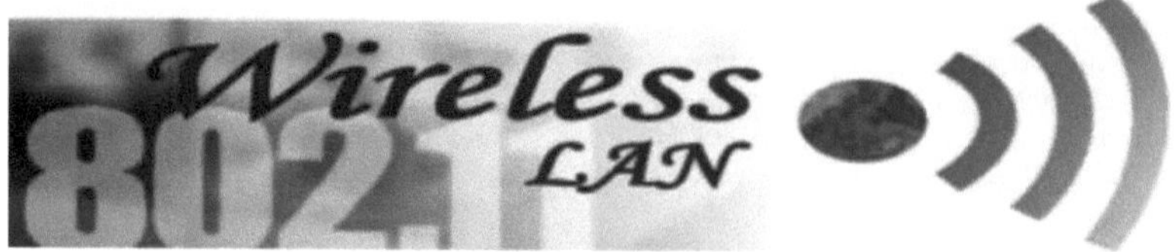

O centro informático instalou a WLAN em 802.11b/g para permitir o acesso aos recursos informáticos do IITK (rede local e Internet) através da comunicação sem fios. A WLAN utiliza o acesso à rede móvel através dos pontos de acesso sem fios. Só os utilizadores autorizados podem aceder à rede do IITK e aos serviços da Internet.

O Computer Center começou a utilizar um servidor DHCP para a rede da área académica. Agora não precisa de definir um endereço IP específico para a sua máquina e configurá-la para obter o endereço IP automaticamente. (O DHCP também define automaticamente outros parâmetros como gateway, máscara de sub-rede, etc.).

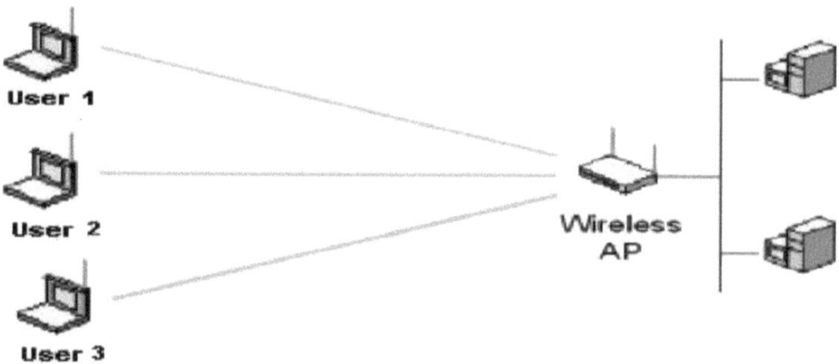

Apenas os utilizadores da IITK estão autorizados a aceder à rede IITK a partir de qualquer local do campus (onde estão instalados os pontos de acesso) utilizando várias placas sem fios comerciais (ou seja, Cisco, Orinoco, D-Link, Linksys, etc.).

No IITK, a WLAN é utilizada para fornecer uma conetividade de rede fiável e adequada aos utilizadores móveis no campus. Estes podem aceder a todos os servidores e aplicações a que podem aceder a partir de uma estrutura com fios. **Área de cobertura WLAN :**

Centro de informática, edifício CSE, laboratório do norte -1, laboratório do norte -2, laboratório do sul, laboratório central, albergue para visitantes, edifício ACES, laboratório ocidental, extensão do laboratório ocidental, espaço aéreo, complexo de salas de aula, BSBE, Samtel, auditório, edifício do corpo docente.

<u>**Detalhes da instalação do ponto de acesso WiFi**</u>

Em cada edifício, colocámos o ponto de acesso num local que considerámos ser o mais conveniente para os utilizadores móveis. Atualmente, temos mais de 100 pontos de acesso em vários locais.

Edifícios	N.º de pontos de acesso	Localização do ponto de acesso (número da sala)
Computador Centro	4	105, 113, 116A ,Upside_cc
Edifício CSE	12	
Diretor Home	1	
Docentes Edifício	18	Gabinete do Diretor, Gabinete do DD, Gabinete do Escrivão, DOFA, DOAA, DOSA. FB 3º andar Sala 306,320,334,351,368, 378,384 FB 4º andar Sala 409, 438,455, 476,484
		FB 5º andar Sala 520, 555 FB 6º andar Sala 620, 655
Sala de conferências Complexo	16	L 7 Sala de comutação, LHC TC, L1, L2, L3, L4, L5, L6, L8, L9,L10,L11,L12,L13,L14,L15
Albergue de visitantes	10	Gabinete VH, verso D-6, verso S-40, verso S- 23, lote Pioneer, V Hall,
Auditório	3	Audi Hall
Edifício ACES	7	105, 107,114, 218, 225, 305, 323
Aeroespacial	4	AE-02, AE Kamble, AE Baixa velocidade, AE
BSBE	3	BSBE,BSBE_Lab2,BSBE_L ab14
Laboratório	3	203 A, 205 A,208B

principal		
LAB ocidental	4	116, 124, Laboratório, 201
Western Lab Ext.	4	112, 304, WLE Varun, WLE Estrutura
Laboratório do Norte -1	6	NL I, NL I, NL I, NL I ,NLI_IME,NLI_115
Laboratório do Norte -2	3	NL II, NL II,NLII_301
Laboratório do Sul	4	204, 208 B, 216
SAMTEL Edifício	2	SAMTEL,SAMTEL_105
HOSTEL	9	Hall1_escritório,Hall2_escritório,Hall3_escritório,Hall4_escritório,Hall5_escritório,Hall6_escritório,Hall7_escritório,Hall8_Escritório, GH_Office.
PESSOAL CANTEEN	2	Cantina, oficina de trabalho

<u>Definição para WLAN</u>

*Inserir a placa de rede no computador portátil.

*Selecionar SID : iitk

* Definição DHCP : Ativar o DHCP

*Abrir a caixa de diálogo Ligação de rede e verificar o estado da conetividade sem fios. (Aqui são fornecidas informações sobre a intensidade do sinal sem fios, a conetividade, etc.)

Situado em mais de 10 acres de terreno, o Instituto está localizado em Gomti Nagar, uma localização privilegiada na cidade histórica de Lucknow. O edifício é espaçoso, bem planeado e equipado com todas as comodidades modernas.

Laboratórios informáticos IBM de última geração com 180 nós e vários servidores topo de gama. A Internet de alta velocidade está disponível 24 horas por dia através de uma ligação RF dedicada do Software Technology Park of India, Lucknow. Estão disponíveis os mais recentes sistemas operativos, ferramentas de front-end, software multimédia, pacotes estatísticos como SPSS e bases de dados como Prowess, Business Beacon e International Economic Statistics.

As salas de aula são climatizadas e equipadas com projectores LCD e OHPs. Foram concebidas para lhe proporcionar todo o conforto durante as horas intensas de ensino e interação na sala de aula.

<u>Biblioteca</u>

A Biblioteca é totalmente automatizada e climatizada, com mais de 12000 volumes e subscreve 149 revistas e periódicos. A informação digital está disponível em CD Rooms, cassetes de vídeo e áudio em várias áreas de gestão. A biblioteca dispõe de uma bela sala de leitura, de um centro de recuperação de informação para aceder à Web e de um centro de investigação exclusivo para os mais sérios. Somos membros institucionais da DELNET (Developing Library Network), MANLIBNET (Management Library Network), FICCI, CII, ISTD e IIM.

O Instituto aumentou significativamente os seus recursos bibliotecários e de informação ao subscrever a EBSCO Business Source Premier, que dá acesso 24 horas por dia a 7594 periódicos, 1131 revistas especializadas, 1214 revistas comerciais e várias revistas de negócios, 144 monografias, 1491 relatórios económicos nacionais, 3158 relatórios industriais e anuários, 528 relatórios de estudos de mercado. Além disso, o Instituto facultou o acesso a 160 títulos através da subscrição da base de dados Communication and Mass Media Complete

Utilização da tecnologia da informação em Galgotia Institute Of Engineering & Management

O GIMT satisfaz a procura crescente de profissionais e gestores de software bem formados. Está situado num belo campus de 19 acres na área institucional bem equipada de Greater Noida. Através da via rápida, fica a uma distância de apenas 26 km de Nova Deli, a capital nacional da Índia. O Instituto está localizado no meio de um ambiente verdejante e é aprovado pelo Conselho de Educação Técnica da Índia (AICTE) e pelo Governo de Uttar Pradesh. Está afiliado à Universidade Técnica de Uttar Pradesh, Lucknow. Situado num bairro industrial e empresarial, o campus tem a vantagem de estar exposto a empresas multinacionais líderes como a Samsung, Honda Seil, LG Electronics, Pepsi, Yamaha, etc. A Zona de Promoção das Exportações de Noida (NEPZ) acolhe uma série de grandes empresas de software situadas na região NCR.

O campus autossuficiente está inserido numa atmosfera académica serena. Tem blocos académicos e salas de aula espaçosos e bonitos, OHPs e unidades audiovisuais para aprendizagem de alta tecnologia, albergues separados e totalmente seguros e confortáveis para rapazes e raparigas, salas de seminários e conferências, bem como instalações de jogos interiores e exteriores e uma cafetaria de cozinha variada, gerida por fornecedores profissionais de renome, são destaques da vida no campus com uma atmosfera académica serena.

<u>O GENSIS</u>: -

O Galgotia's Institute of Management & Technology foi fundado pela Smt. Shakuntla Educational and Welfare Society no ano de 1999. A sociedade foi criada com o objetivo de proporcionar um ensino de ponta nos domínios da tecnologia da informação, da informática e da gestão, a nível de pós-graduação.

O Sr. Suneel Galgotia, Diretor-Geral da Galgotia Publications Pvt. Ltd e Presidente da sociedade acima referida, com as suas visões e motivações claras, tem sido a força motriz por detrás deste empreendimento. A GIMT está a esforçar-se por realizar o seu sonho de fazer da Galgotia um nome a ter em conta entre os melhores no domínio da educação de qualidade.

A GIMT está situada num terreno de 19 acres em Greater Noida. A sua localização estratégica ao longo da via rápida que liga Deli a Greater Noida torna-a a mais próxima de Deli entre as instituições desta área. Atualmente, o GIMT oferece programas de Mestrado em Aplicações Informáticas (MCA) e Mestrado em Administração de Empresas (MBA), que em breve serão alargados a outros cursos técnicos.

Nos últimos cinco anos, o GIMT alcançou muitos marcos e, atualmente, está classificado entre as melhores instituições do Estado. Na nossa busca pela excelência, nós, no GIMT, esforçamo-nos por moldar os nossos alunos para que se tornem bons seres humanos com competências profissionais e de liderança inigualáveis.

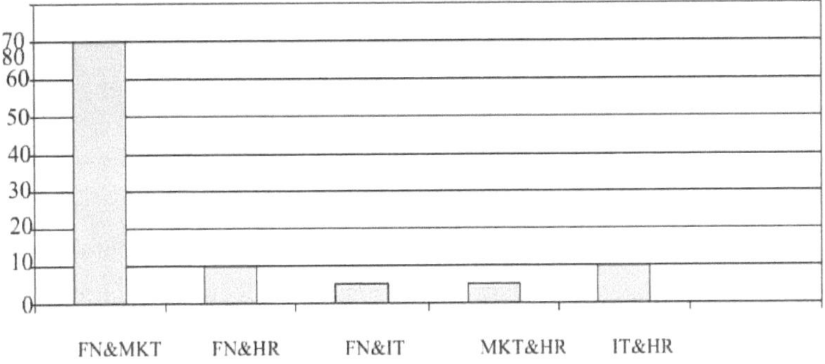

Utilização da tecnologia da informação nos estudos dos membros do corpo docente

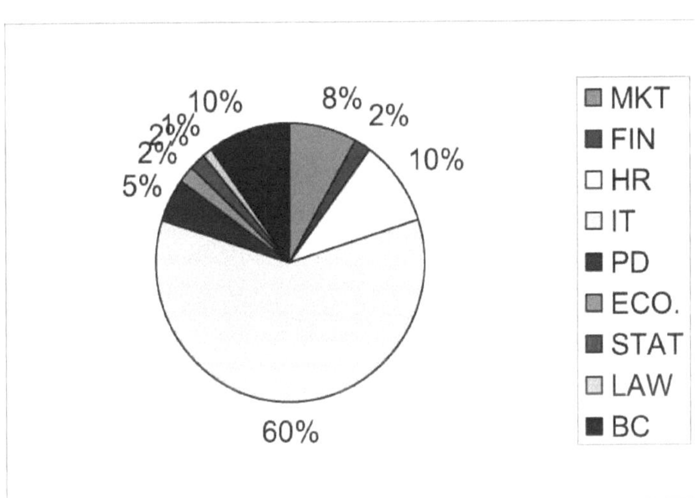

Laboratório de informática:

A componente informática é o coração do GIMT. O instituto está equipado com laboratórios de alta tecnologia com equipamentos de última geração para proporcionar a exposição necessária aos tecnocratas em início de carreira.

Existem máquinas Compaq e HCL com processador Intel Pentium IV e 512MB de RAM, que estão ligadas em rede numa LAN baseada no servidor Windows 2003 e no servidor Linux 9. Existem também PCs autónomos para I&D para professores e alunos no centro de incubação do laboratório. Todo o software essencial está disponível com actualizações e patches. Estão também disponíveis impressoras eficientes em rede para utilização adequada. As instalações são monitorizadas e actualizadas periodicamente. Os alunos dispõem de tempo suficiente, recursos do sistema e ajuda do supervisor. Cada estudante dispõe de um computador pessoal independente para utilização no laboratório.

<u>Utilização do laboratório de informática pelos alunos para diversos fins</u>:

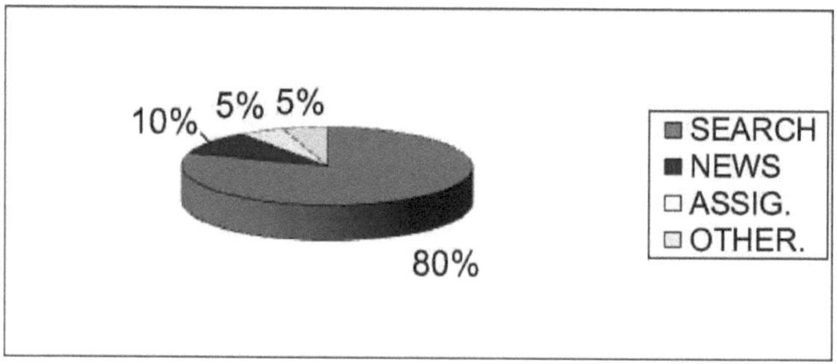

<u>MOTOR SAERCH MÁXIMO USADO</u>:

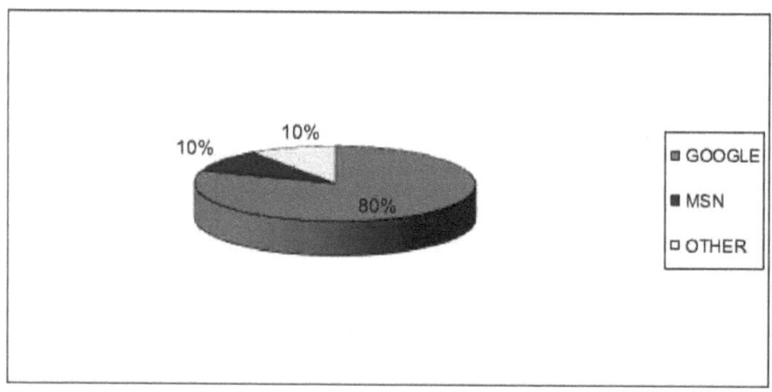

<u>TOPOLOGIA UTILIZADA:</u>

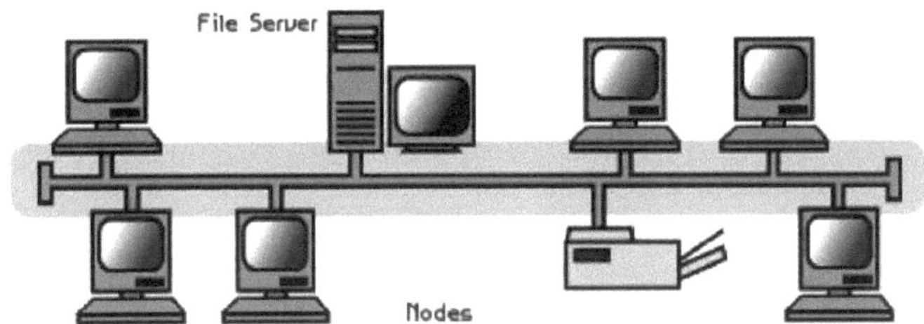

Topologia de barramento linear

• Uma topologia de bus linear consiste num cabo principal com um terminador em cada extremidade.

• Todos os nós (servidor de ficheiros, estações de trabalho e periféricos) estão ligados ao cabo linear.

• As redes Ethernet e Local Talk utilizam uma topologia de barramento linear. É fácil ligar um periférico de computador a um barramento linear.

• Requer menos comprimento de cabo do que uma topologia em estrela.

• A rede inteira desliga-se se houver uma rutura do cabo principal.

• São necessários terminadores em ambas as extremidades do cabo de backbone.

• É difícil identificar o problema se toda a rede se desligar.

• Não se destina a ser utilizado como uma solução autónoma num edifício de grandes dimensões.

<u>**Utilização de tecnologias da informação em diferentes departamentos: - Gabinete de admissões: -**</u>

• Registo em linha dos estudantes.

• Receção e venda de formulários.

• Seleção e rejeição do estatuto de estudante.

• Fornecer códigos de identificação aos alunos.

• Dados sobre o pessoal docente e não docente.

• Assiduidade dos estudantes durante o teste de admissão.

• Avaliação da prova de exame.

Departamento Académico

•	Manutenção de registos relacionados com as actividades, os resultados e a assiduidade dos alunos.

•	Há uma grande utilização da intranet neste departamento.

Utilizar para o curso de correspondência na circulação de avisos, cartas, mensagens electrónicas, etc.

•	Utilizar para registar as notas dos alunos.

•	Utilização máxima do MS-WORD e do EXCEL

Utilização de TI para o departamento de contabilidade

•	Introduzir as propinas dos estudantes na base de dados.

•	Analisar os dados e as informações de toda a Business School.

•	O sistema de informação contabilística é normalmente integrado com outros sistemas de informação noutras partes da escola de gestão, o que facilita o seu processamento.

•	O projeto apresentará o balanço financeiro da escola B através das tecnologias da informação.

Utilização dos computadores da biblioteca :-

•	Com a ajuda da tecnologia da informação, mantêm um registo do grande número de livros distribuídos aos estudantes.

•	E é fácil localizar o livro, ou seja, que livro é emitido para quem.

•	Poupa muito tempo.

•	Poupa muita papelada.

•	Existe um catálogo informatizado.

A biblioteca de software licenciado

Linux 9	JDK/J2SDK
Servidor/Cliente Windows NT	Leitor Adobe Acrobat
Windows 98/2000	Adobe Photoshop
Servidor Windows 2000/2003	Macromedia Flash

Oracle 11i	Laboratório MAT 7.0
SERVIDOR SQL 2000	Rosa Racional
MS OFFICE XP/2005	Turbo C/C++
Visual Studio. NET	Pascal/ Cobol
MSD	
Symantec Antivirus Corporate Edition	

O Campus: -

O Instituto Nacional de Tecnologia e Gestão Babu Banarasi Das foi criado em Lucknow no ano de 1998 pela Sociedade Educacional Babu Banarasi Das sob a presidência do Dr. Akhilesh Das, membro do Parlamento (Rajya Sabha), em memória do falecido Sri Babu Banarasi Das Ji, ex-ministro-chefe da U.P.

O Instituto está situado em Dr. Akhilesh Das Nagar, na autoestrada nacional Lucknow-Faizabad, num campus extenso com mais de 200 acres de terreno.

O Instituto é afiliado à Universidade Técnica de U. P., Lucknow e à Universidade Dr. Bhim Rao Ambedkar, Agra, devidamente aprovado pelo Conselho de Educação Técnica de Toda a Índia, Ministério de Desenvolvimento de Recursos Humanos, Governo da Índia, Nova Deli, bem como Governo de U.P., de acordo com os requisitos do programa.

O Instituto oferece programas de pós-graduação e de licenciatura em várias áreas de engenharia, farmácia, arquitetura, aplicações informáticas, tecnologia da informação, gestão e gestão hoteleira.

<u>Distribuição dos alunos de acordo com a especialização que escolheram:</u>

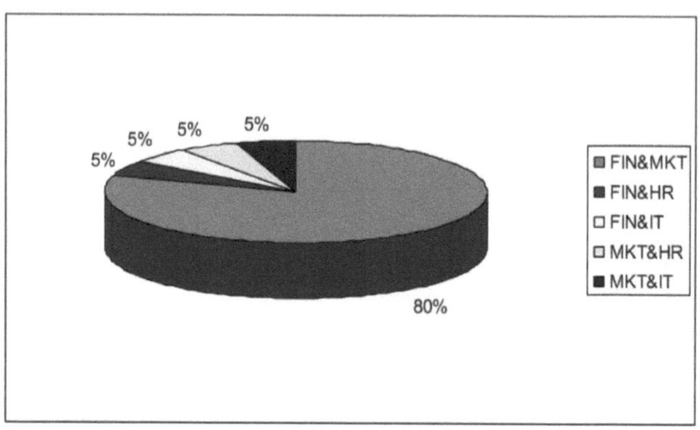

Utilização das tecnologias da informação nos estudos pelos membros do corpo docente

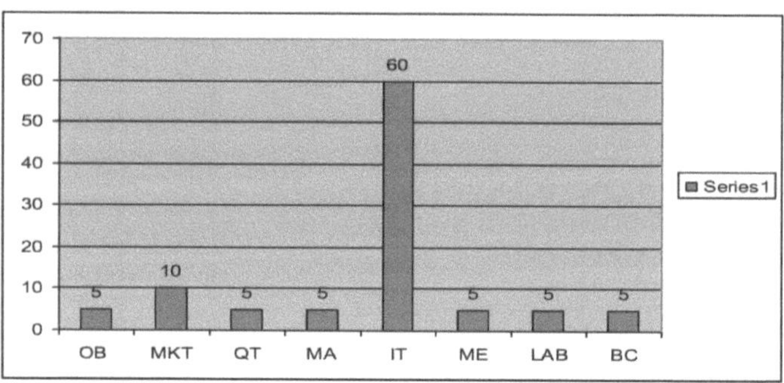

<u>**Laboratório de informática:-**</u>

Laboratório informático IBM de última geração com 500 nós e vários servidores topo de gama. 24 horas de Internet de alta velocidade (2Mbps) está disponível através de um link RF dedicado do Software Technology Park of India Lucknow. Estão disponíveis o mais recente sistema operativo, ferramentas front-end, software multimédia, pacotes estatísticos como SPSS e bases de dados como Prowess, Business Beacon, International Economic Statistics.

<u>**Utilização do laboratório de informática pelos alunos para diversos fins:-**</u>

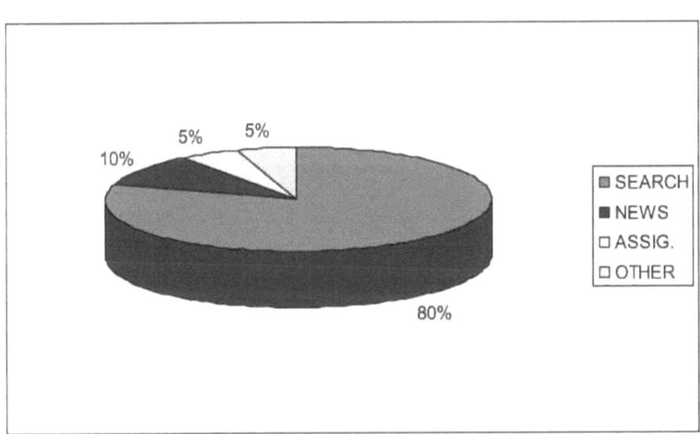

<u>**MOTOR DE BUSCA MAIS UTILIZADO:-**</u>

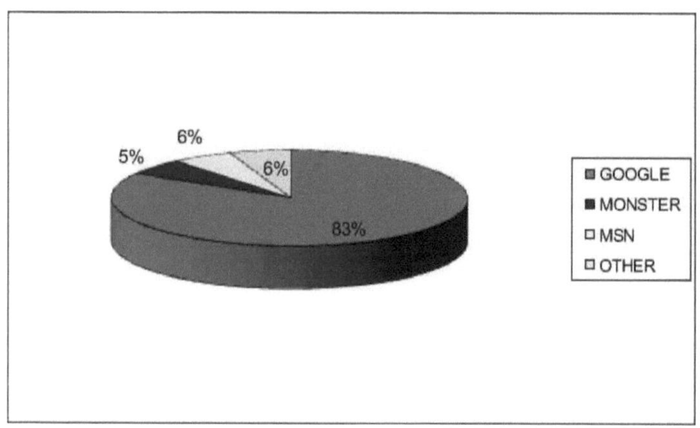

Instalação de laboratório

Facilidade de acesso à Internet

•   Disponível através de uma ligação RF dedicada do parque tecnológico de software da Índia, Lucknow.

•   Instalação de Wi-Fi:- segundo os processos, o campus terá Wi-Fi dentro de 15 dias.

•   Número de antenas presentes no campus:-1

•   Memória do sistema:-80 GB.

•   Técnica de transferência de dados presente:-TCP/IP

•   Tipo de software:- Software multimédia, Turbo C para fins de programação.

•   Pacotes disponíveis:- Pacotes estatísticos como SPSS, MS Access, MS Excel

•   Base de dados disponível:- Prowess, Business Beacons, Estatísticas económicas internacionais.

Configuração da rede:-

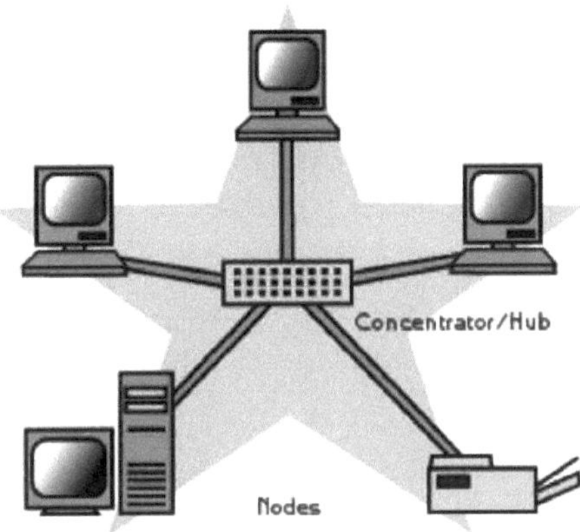

Topologia em estrela

Topologia em estrela:

Uma topologia em estrela é concebida com cada nó (servidor de ficheiros, estações de trabalho e periféricos) ligado diretamente a um hub ou concentrador de rede central.

Os dados numa rede em estrela passam pelo hub ou concentrador antes de seguirem para o seu destino.

O hub ou concentrador gere e controla todas as funções da rede.

Funciona também como um repetidor do fluxo de dados.

Esta configuração é comum com cabo de par trançado; no entanto, também pode ser utilizada com cabo coaxial ou cabo de fibra ótica.

Utilização das tecnologias da informação em diferentes departamentos:-

Gabinete de Admissão:-

- Registo em linha dos estudantes.

- Receção e venda de formulários.

- Seleção e rejeição do estatuto de estudante.

- Fornecer códigos de identificação aos alunos.

- Dados sobre o pessoal docente e não docente.

- Assiduidade dos estudantes durante o teste de admissão.

- Avaliação da prova de exame.

*   Lista de admissão provisória/conforme, lista de bolsas de estudo.

Departamento Académico

*   Manutenção de registos relacionados com as actividades, os resultados e a assiduidade dos alunos.

*   Há uma grande utilização da intranet neste departamento.

*   Utilizar para o curso de correspondência na circulação de avisos, cartas, mensagens electrónicas, etc.

*   Utilizar para registar as notas dos alunos.

*   Utilização máxima do MS-WORD e do EXCEL

Departamento de contabilidade

*   Introduzir os dados relativos às propinas dos estudantes na base de dados.

*   Analisar os dados e a informação de toda a Escola de Gestão.

*   O sistema de informação contabilística é normalmente integrado com outros sistemas de informação noutras partes da escola de gestão, o que facilitará o seu processamento.

*   Gerará o balanço financeiro da escola B.

Utilização do computador na biblioteca:

*   Com a ajuda da tecnologia da informação, mantêm um registo do grande número de livros distribuídos aos estudantes.

*   E é fácil localizar o livro, ou seja, que livro é emitido para quem.

*   Poupa muito tempo.

*   Poupa muita papelada.

*   Existe um catálogo informatizado.

Utilização das tecnologias da informação no IIMS

O Campus

O International Institute of Management Studies é uma B-School com uma diferença - instituição de formação em gestão que trabalha 24x7x365 para criar estudantes gestores dinâmicos. O instituto está localizado a uma curta distância do Rajiv Gandhi InfoTech Park, em Pune. O instituto proporciona um ambiente perfeito para a formação em gestão no meio das necessidades industriais de criatividade e inovação. Os estudantes recebem orientação atempada de um vasto leque de associações industriais.

O IIMS faz parte da Sai Balaji Education Society. A Sai Balaji Education Society é um fundo constituído por pessoas oriundas da indústria e do meio académico, com a visão e o compromisso de proporcionar a melhor formação possível em gestão global. É uma instituição única e baseada em valores, fundada por um líder jovem e dinâmico, o Prof. Manish R. Mundada, no ano de 2005. Para além de satisfazer as necessidades e as normas industriais, a instituição tem por objetivo desenvolver hoje os potenciais executivos do futuro.

"O verdadeiro carácter tem a fragrância delicada de uma flor acabada de desabrochar, emana do interior da pessoa pela propulsão dos seus próprios ideais de vida escolhidos por si própria". Tendo este ideal em vista, nós, no IIMS, para além de completarmos o programa de estudos a tempo, acreditamos firmemente na construção de um carácter culturalmente orientado. Isto é feito dando regularmente contributos pessoais e oportunos.

Distribuição dos alunos de acordo com a especialização que escolheram

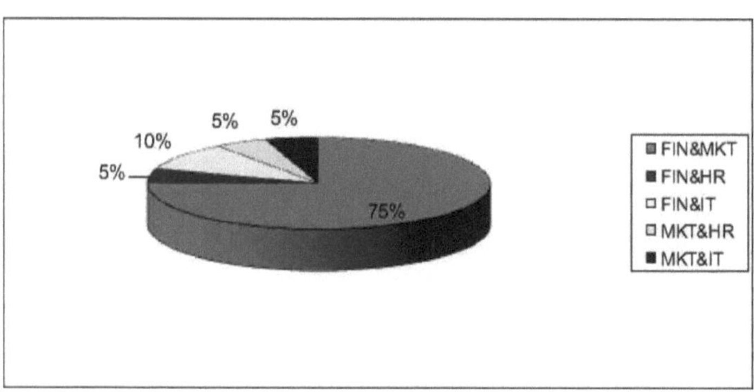

Utilização da tecnologia da informação nos estudos pelos membros do corpo docente:-

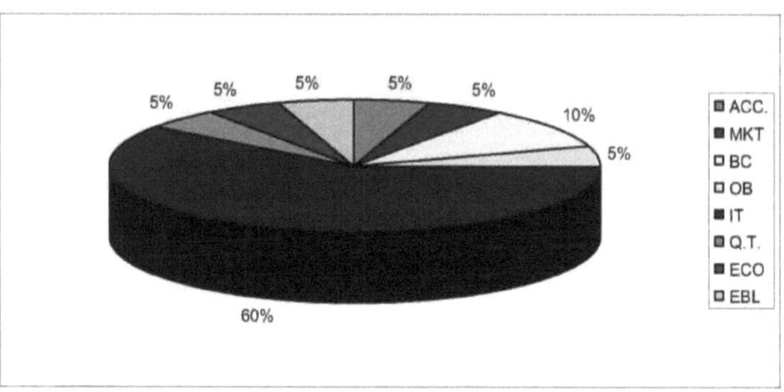

O LABORATÓRIO DE INFORMÁTICA

Laboratório: -

*   Laboratório bem equipado com capacidade para acolher 60 alunos

*   O LAB está ligado a uma LAN e também a uma rede Wi-Fi

*   Conectividade à Internet com linha alugada de 128 Kbps disponível

Utilização do laboratório de informática pelos estudantes para diversos fins

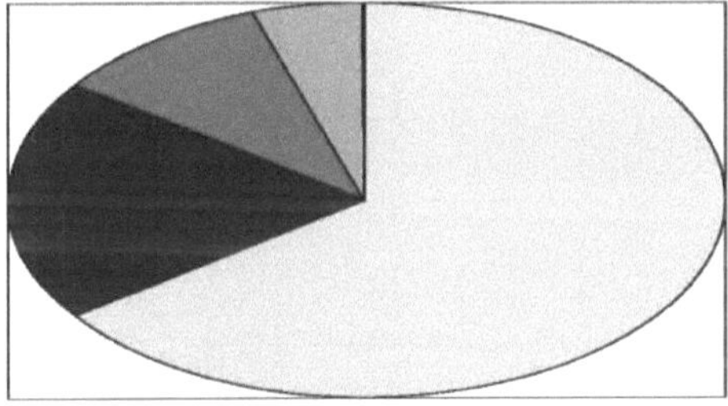

Instalações de laboratório:-

*   Endereço do sítio Web da faculdade:-www.iimspune.edu

*   Correio eletrónico:-iimspune.ac.in

*   Fax n.º 0132-4648459

*   N.º total de sistemas:-180

*   Empresa de computadores:- HP,IBM

*   N.º de computadores presentes no gabinete:-Disponíveis em todos os departamentos da faculdade.

Configuração da rede:-

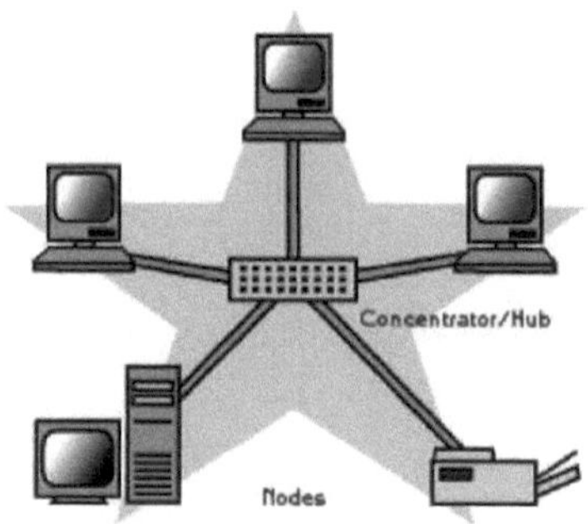

Topologia em estrela

Uma topologia em estrela é concebida com cada nó (servidor de ficheiros, estações de trabalho e periféricos) ligado diretamente a um hub ou concentrador de rede central.

Os dados numa rede em estrela passam pelo hub ou concentrador antes de seguirem para o seu destino. O hub ou concentrador gere e controla todas as funções da rede. Também actua como um repetidor do fluxo de dados. Esta configuração é comum com cabo de par trançado; no entanto, também pode ser usada com cabo coaxial ou cabo de fibra ótica.

Facilidade de acesso à Internet

* Memória do sistema:-80 GB.

* Técnica de transferência de dados presente:-TCP/IP

* Tipo de software:- Software multimédia, Turbo C para fins de programação.

* Pacotes disponíveis:- Pacotes estatísticos como SPSS, MS Access, MS Excel

* Base de dados disponível: - Prowess, Business Beacons, Estatísticas económicas internacionais.

Atal Bihari Vajpayee - Instituto Indiano de Tecnologia e Gestão da Informação Gwalior (ABV-IIITM Gwalior)

O CAMPUS

O instituto está situado num extenso campus de 160 acres no sopé do forte de Gwalior. Atualmente, alberga os blocos departamentais, vários laboratórios bem equipados e as residências para estudantes. Existem dois albergues para rapazes e o terceiro está a ser construído. Existe um albergue exclusivo para raparigas. O campus está a ser plantado com uma grande variedade de plantas, incluindo as que têm propriedades medicinais. O campus inteligente está a ser totalmente equipado com a tecnologia mais recente, proporcionando assim um ambiente de aprendizagem saudável aos seus estudantes.

A GÉNESE

O Atal Bihari Vajpayee - Indian Institute of Information Technology & Management Gwalior (ABV-IIITM Gwalior), uma universidade considerada, é um instituto de topo na área das TI e da gestão, criado pelo Ministério do Desenvolvimento de Recursos Humanos, Governo da Índia. A ABV-IIITM Gwalior esforça-se por se tornar uma instituição de nível mundial, contribuindo assim para a investigação e o ensino de líderes tecnológicos e empresariais. Integra a gestão como um conceito e a tecnologia como uma plataforma para criar uma abordagem sinérgica para resolver problemas emergentes da indústria.

O instituto recebeu o estatuto de universidade autónoma e realiza os seus próprios exames e atribui diplomas a nível de mestrado e doutoramento. O Instituto está construído num campus de 160 acres no sopé do Forte de Gwalior. O campus inteligente em rede é autónomo com todas as instalações básicas para o desenvolvimento integral da personalidade dos estudantes.

O Instituto é uma fonte dinâmica de energia intelectual com uma forte ligação ao mundo empresarial, centrando-se em esforços de colaboração como a conceção de um currículo flexível, a apresentação do currículo, a orientação dos estudantes por profissionais do mundo empresarial, projectos de estágios de verão e colocações finais.

O corpo docente principal do Instituto é constituído por profissionais bem conhecidos, diversificados e talentosos. Além disso, os professores adjuntos e visitantes, provenientes da indústria e de outras instituições académicas de topo e organizações de investigação, contribuem para manter o curso a par dos últimos desenvolvimentos, tendo em conta as exigências do mundo profissional.

<u>Distribuição dos estudantes de acordo com a especialização que escolheram</u>

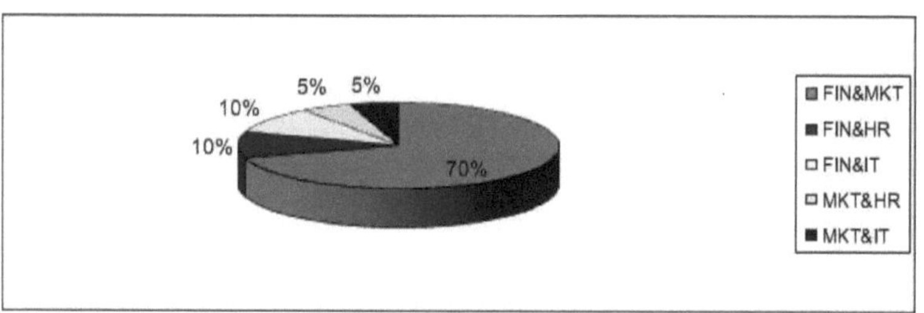

<u>Utilização da tecnologia da informação nos estudos pelos membros do corpo docente</u> :-

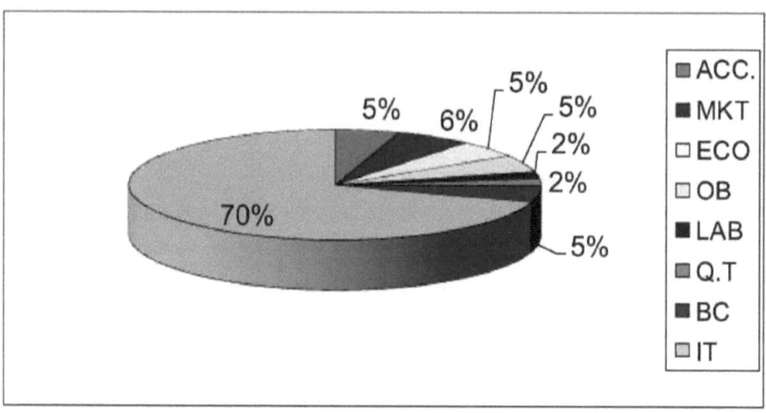

<u>LABORATÓRIO DE INFORMÁTICA:-</u>

*   Para acompanhar as últimas tendências do ambiente em rápida mudança e oferecer o melhor aos estudantes, a Universidade criou um centro cibernético de última geração com uma área de 300 m2 e todas as comodidades modernas, como multimédia, Internet e correio eletrónico.

*   O Cyber Centre dispõe de um servidor da série IBM X220 com capacidade para dois processadores e mais de 100 nós que estão ligados em rede através do Windows NT.

*   Cada nó é um Compaq Deskpro EP com a mais recente tecnologia. O centro dispõe de boas instalações de impressão com impressoras DMP, de jato de tinta e laser. Os centros dispõem igualmente de instalações de gravação de CD e de digitalização.

*   O centro cibernético está igualmente equipado com os mais recentes programas informáticos. O centro tem membros do corpo docente altamente qualificados que orientam os estudantes de tempos a tempos.

<u>Utilização do laboratório de informática pelos estudantes para diversos fins:-</u>

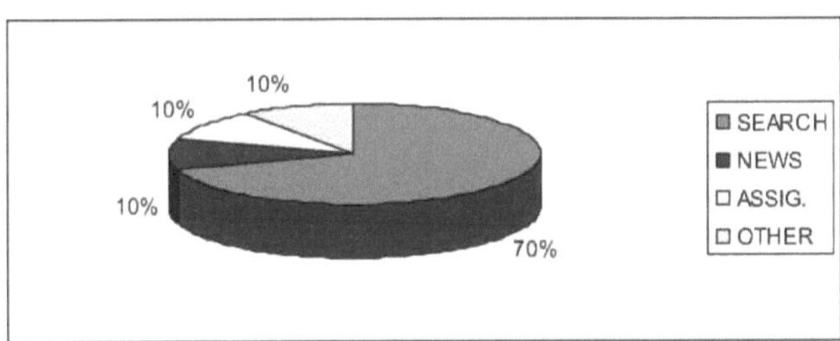

<u>MOTOR DE BUSCA MAIS UTILIZADO:-</u>

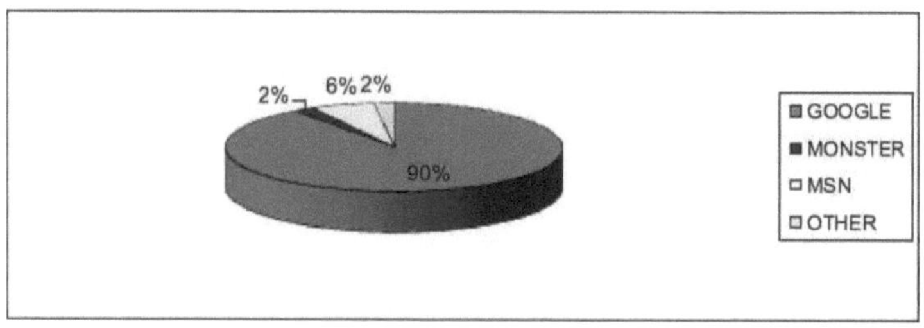

LABORATÓRIO PRÓPRIO:

*   Endereço do sítio Web da faculdade:-www.iitm.ac.in

*   N.º total de sistemas:-180

*   Empresa de computadores:- HP, IBM, COMPAQ

*   N.º de computadores presentes no gabinete:-Disponíveis em todos os departamentos da faculdade.

Configuração da rede:-

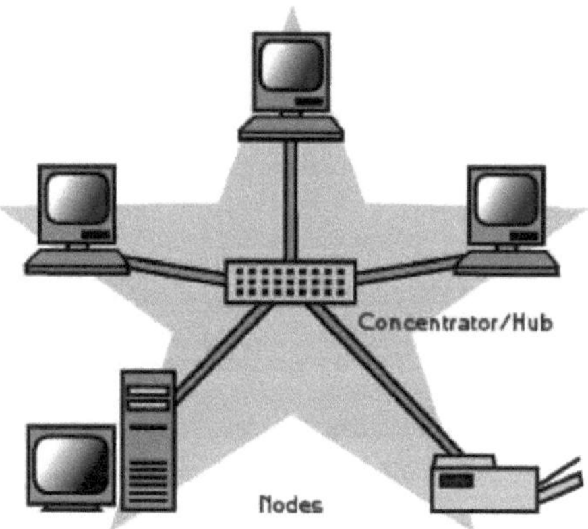

Topologia em estrela

Uma topologia em estrela é concebida com cada nó (servidor de ficheiros, estações de trabalho e periféricos) ligado diretamente a um hub ou concentrador de rede central.

Os dados numa rede em estrela passam pelo hub ou concentrador antes de seguirem para o seu destino. O hub ou concentrador gere e controla todas as funções da rede. Também actua como um repetidor do fluxo de dados. Esta configuração é comum com cabo de par trançado; no entanto, também pode ser usada com cabo coaxial ou cabo de fibra ótica.

Algumas das instalações e ajudas tecnológicas que a ABV-IIITM pretende fornecer num futuro próximo são -

* Escola de Nanotecnologia

* Centro CAD / CAM

* Centro de Gestão

* Centro de Inteligência Artificial

* Oficina de Robótica e Central

* Centro de videoconferência

* Centro da mente

* Mecanismo de Comunicação dos Meios de Comunicação Social

* Centro GIS

* Tecnologias Educativas

* Centro de Desenvolvimento de Áreas de Impulso

* Rede de comunicação de voz, dados e imagens

* Laboratório de Engenharia do Conhecimento

* Centro de Incubação

A biblioteca:-

A biblioteca é composta por uma biblioteca principal de referência, uma sala de leitura e uma biblioteca digital com todos os meios de comunicação modernos que permitem um ambiente de aprendizagem escolar.

A biblioteca tem uma coleção rica de 12000 referências e livros de texto sobre uma vasta gama de tópicos. A biblioteca subscreve uma vasta gama de jornais, periódicos e revistas na área das TI e da gestão. A biblioteca também tem cassetes de vídeo e CDs de vídeo que são fornecidos aos estudantes para terem uma visão completa de um assunto.

Utilização de tecnologias da informação em diferentes departamentos:- Gabinete de admissões:-

- Registo em linha dos estudantes.

- Receção e venda de formulários.

- Seleção e rejeição do estatuto de estudante.

- Fornecer códigos de identificação aos alunos.

- Dados sobre o pessoal docente e não docente.

- Assiduidade dos estudantes durante o teste de admissão.

- Avaliação da prova de exame.

- Lista de admissão provisória/conforme, lista de bolsas de estudo.

Departamento Académico

- Manutenção de registos relacionados com as actividades, os resultados e a assiduidade dos alunos.

- Há uma grande utilização da intranet neste departamento.

- Utilizar para o curso de correspondência na circulação de avisos, cartas, mensagens electrónicas, etc.

- Utilizar para registar as notas dos alunos.

- Utilização máxima do MS-WORD e do EXCEL

Utilização de TI para o departamento de contabilidade

- Ao introduzir as propinas dos alunos na base de dados.

- Analisar os dados e as informações de toda a Business School.

- O sistema de informação contabilística é normalmente integrado com outros sistemas de informação noutras partes da escola de gestão, o que facilita o seu processamento.

- O projeto apresentará o balanço financeiro da escola B através das tecnologias da informação.

Utilização do computador na biblioteca:

• com a ajuda da tecnologia da informação, mantêm um registo do grande número de livros distribuídos aos estudantes.

• E é fácil localizar o livro, ou seja, que livro é emitido para quem.

• Poupa muito tempo.

• Poupa muita papelada.

• Existe um catálogo informatizado.

Análise

S.N.	ITENS	AMIDADE	IIM	IIT	JAIPURIA
1	Não. ESTUDANTES	455	120	85	400
2	N.º de membros do corpo docente	30	75	25	26
3	N.º DE EMPREGADOS	150	900	92	140
4	N.º DE DESKTOP	400	1500	1250	350
5	N.º de tampas	190	500	85	170
6	N.º de TELEFONELINHA	90	150	120	50
7	N.º de ANTEENAS WI-FI UTILIZADAS	10	25	18	8
8	UTILIZAÇÃO DA INTERNET	SIM	SIM	SIM	SIM
9	TIPOS DE SEPARADORES UTILIZADOS	Controlador de domínio	Domínio adicional,P RINTCONTROLLER	Controlador doméstico, ANT IVÍRUS	Controlador de domínio

10	TIPOS DE LIGAÇÃO	LAN,WAN, WI-FI, INTERCOM	LAN, WA N, WIFI, INT ERC OM	LAN ,WAN, WI - FI, INT ERC OM	LAN,WAN, WI - FI, INTERCO M
11	SERVIÇO FORNECEDORES	RELIANCE	STPI, VSNL	REL IANCE, MTNL	CONFIANÇA, BSNL
12	SÍTIO WEB PRÓPRIO	SIM	SIM	SIM	SIM
13	CANAL EDUCATIVO PRÓPRIO	A ser lançado	NÃO	NÃO	NÃO
14	FACILIDADE DE CORREIO ELECTRÓNICO PARA ESTUDANTES E PROFESSORES	SIM	SIM	SIM	SIM
15	BIBLIOTECA ONLINE	NÃO	SIM	SIM	SIM
16	FACILIDADE DE REGISTO EM LINHA	SIM	SIM	SIM	NÃO
17	FACILIDADE DE CHAT ONLINE COM O CONSELHEIRO	SIM	NÃO	NÃO	NÃO
18	PLATAFORMA UTILIZADA	JANELAS	WINDOWS, LINUX	WINDO S, LINUX,	JANELAS

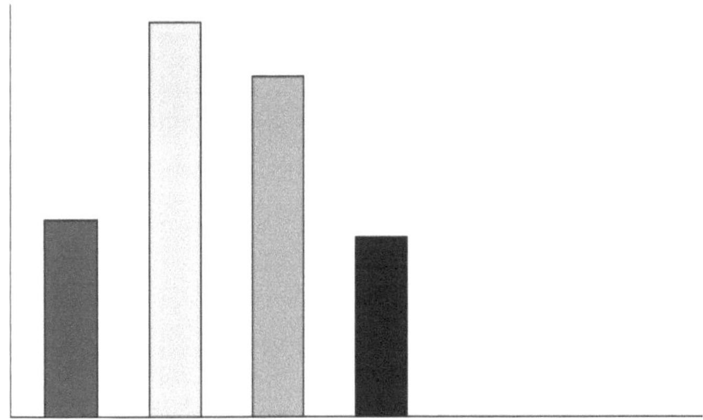

Figure showing Number of Laptops

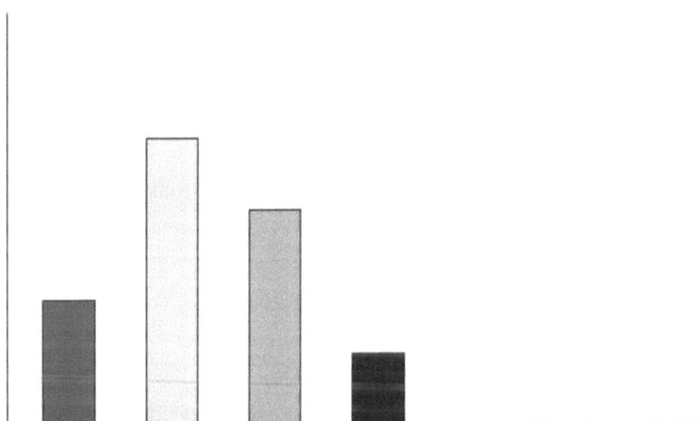

Figura que mostra o número de Anteenas Wi-Fi

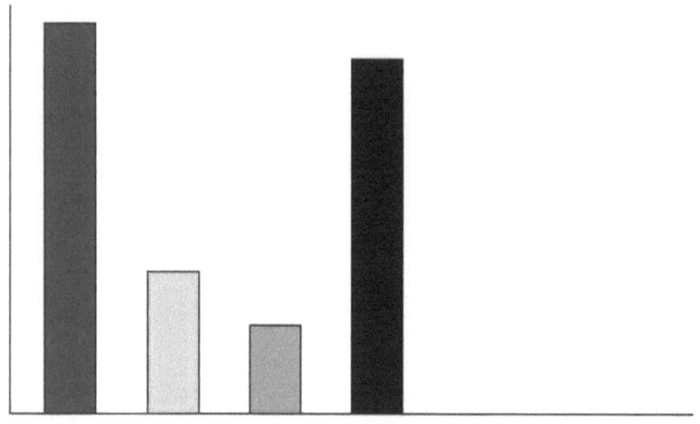

Figura que mostra o número de alunos

Relatório de inquérito do Ministério da Saúde do Governo da Índia sobre o sistema utilizado pelos institutos de ensino

Quadro 1

Percentagem de instituições com políticas formais

Promoção ou obrigatoriedade de recursos tecnológicos informáticos

Pirpose	Au (Inel- privale}	PiiUic Uliv.	Piiblie 4 anos	PuUie 2 anos
Estudantes	34%	42%	39%	25%
Utilização do currículo	32%	39%	35%	34%
Educação à distância	23%	44%	26%	25%
Estudantes de pós-graduação	15%	35%	22%	1%

Quadro 2

Políticas gerais do campus relacionadas com o computador de secretária

Políticas	Au (Inel- privale}	Univ. PuUic	Piiblie 4 anos	Piiblie 2 anos
Política formal de confidencialidade dos dados	80%	91%	91%	72%

Taxas de utilização de computadores cobradas a todos os estudantes	46%	66%	65%	40%
O ensino ou as competências informáticas são necessários para 43% dos estudantes universitários	26%	46%		42%
Taxa média de utilização do computador¡ quando cobrada	$117	$142	$107	S72

Percentagem de instituições que dispõem de um plano de formação do campus para as TI

Um Objetivo	(inel, private)	Público Univ.
Prestar apoio ou assistência formal aos membros do corpo docente que pretendam desenvolver software para a sua investigação	69%	92%
Ter projectos institucionais para o desenvolvimento de software de ensino	62%	93%
Fornecer apoio ou assistência formal aos membros do corpo docente que pretendam desenvolver software de ensino	55%	84%
Fornecer acordos ou licenças para a duplicação e distribuição no campus de produtos de software para computadores de secretária	54%	86%
Utilizar os recursos da Internet e da WWW no ensino à distância	47%	46%
Integrar as TI no currículo	41%	45%
Dispor de um centro de recursos tecnológicos para a utilização pedagógica das TI	36%	63%
Utilizar os recursos da Internet e da WWW no ensino	34%	33%
Utilizar os recursos da Internet e da WWW para marketing e promoção junto de públicos fora do campus	30%	38%
Oferecer incentivos aos docentes para o desenvolvimento de material didático	28%	38%
Ter uma política relativa à propriedade dos recursos curriculares baseados na WWW e à propriedade intelectual desenvolvida pelo corpo docente	24%	40%
Manter uma biblioteca de material didático académico para análise e avaliação do	22%	32%

corpo docente		
Reconhecer e recompensar a utilização das TI como parte do processo de avaliação e promoção do corpo docente	13%	9%
Avaliar o impacto das tecnologias da informação no ensino e nos resultados da aprendizagem	13%	25%

CAPÍTULO-4

METODOLOGIA DE INVESTIGAÇÃO

Introdução às técnicas utilizadas

No sentido mais lato, a tecnologia da informação refere-se tanto ao hardware como ao software que são utilizados para armazenar, recuperar e manipular informação. Ao nível mais baixo, temos os servidores com um sistema operativo. Nestes servidores estão instalados elementos como bases de dados e software de serviço Web. Os servidores estão ligados entre si e aos utilizadores através de uma infraestrutura de rede. E os utilizadores que acedem a estes servidores têm o seu próprio hardware, sistema operativo e ferramentas de software. As tecnologias da informação (TI), tal como definidas pela Information Technology Association of America (ITAA), são "o estudo, a conceção, o desenvolvimento, a implementação, o apoio ou a gestão de sistemas de informação baseados em computadores, nomeadamente aplicações de software e hardware informático". As TI tratam da utilização de computadores electrónicos e de software informático para converter, armazenar, proteger, processar, transmitir e recuperar informações, de forma segura.

Recentemente, tornou-se popular alargar o termo para incluir explicitamente o domínio da comunicação eletrónica, pelo que as pessoas tendem a utilizar a abreviatura **TIC** (**Tecnologia da Informação e da Comunicação**).

Atualmente, o termo "tecnologia da informação" alargou-se para englobar muitos aspectos da informática e da tecnologia, e o termo é mais reconhecido do que nunca. A área das tecnologias da informação pode ser bastante vasta, abrangendo muitos domínios. Os profissionais de TI desempenham uma variedade de funções que vão desde a instalação de aplicações até à conceção de redes informáticas complexas e bases de dados de informação. Algumas das funções desempenhadas pelos profissionais de TI podem incluir a gestão de dados, a criação de redes, a engenharia de hardware informático, a conceção de bases de dados e de software, bem como a gestão e administração de sistemas completos.

Vantagens das tecnologias da informação

Nos últimos dez a quinze anos, assistiu-se a um crescimento sem precedentes das tecnologias da informação (TI). Para um leigo, estas palavras significam uma tecnologia que ajuda a gerir dados alucinantes, com a ajuda de hardware e software informático. As TI são mais do que esta simples definição. Inclui um sistema de gestão de bases de dados com um sistema de ligação em rede, hardware e software adequados, para além da função de administração de sistemas.

1. Velocidade _- Os computadores calculam muito mais depressa do que os seres humanos. O que significa que mais números podem ser analisados num instante. Por conseguinte, é possível realizar mais trabalho com o mesmo número de horas de trabalho.

2. Eficácia em termos de custos - Um único funcionário pode efetuar todas as tarefas de gestão de dados que anteriormente eram realizadas por 5 ou mais funcionários. Por conseguinte, os custos gerais diminuem. Os cálculos informáticos também indicam os recursos que não estão a ser utilizados da melhor forma, para que possam ser tomadas medidas corretivas a tempo, reduzindo assim os custos de produção.

3. Resultados exactos - As decisões cruciais baseadas em cálculos informáticos têm mais probabilidades de serem corretas do que as baseadas em cálculos humanos. Isto deve-se ao facto de a probabilidade de erros nos cálculos efectuados por seres humanos ser maior. Os computadores também ajudam a tomar uma decisão quando confrontados com duas ou mais alternativas. Não precisam de mais um dia para voltar a trabalhar os dados se alguma variável for alterada.

4. Globalização - A ligação em rede é uma componente crucial das TI. Através da ligação em rede, a informação pode ser partilhada em todo o mundo. A barreira linguística deixou de existir, uma vez que o software que traduz a informação para as línguas necessárias também faz parte desta forma de trabalho em rede.

5. Conveniência comercial - A Internet é um ótimo local para publicar um anúncio de venda de um produto. Uma vez que é acedida em todo o mundo, é possível receber cotações de outras partes do mundo. Do mesmo modo, se for necessário comprar um produto, existe uma grande variedade de escolha na Internet, ou net, como é vulgarmente conhecida. Os bens adquiridos podem também ser pagos através da Internet. Mesmo as facturas mensais de serviços públicos, de cartões de crédito, etc., podem ser pagas através da Internet.

6. O aumento do nível de vida e as poupanças de custos conseguidas através da utilização óptima dos recursos, tal como sugerido pelos cálculos informáticos, resultam na redução dos preços dos bens. Além disso, a ligação em rede facilitou o acesso a diferentes mercados em todo o mundo, onde existem preços competitivos para produtos semelhantes. Este facto ajuda o comprador a obter as melhores pechinchas, uma vez que os preços de produtos semelhantes em todo o mundo têm de ser competitivos.

7.   As tecnologias da informação e da comunicação integraram a função de comunicação. Consequentemente, enviar aquela carta pelos correios deixou de ser um mal necessário. Enviar um e-mail é muito mais rápido e muito mais fácil. Para além disso, os avanços tecnológicos, como o Voice over Internet Protocol ou VoIP, permitem a realização de conferências entre países. Há casos em que as operações foram efectuadas por cirurgiões locais com a ajuda de instruções de um cirurgião sénior residente noutro país.

8.   Criação de novos empregos É verdade que as tecnologias da informação tornaram redundantes os empregos mecânicos, como o de datilógrafo. Mas também é verdade que, graças à informática, surgiram novas profissões, como a de engenheiro de software, engenheiro de hardware, administrador de redes, analista de dados, etc. Estes empregos são mais estimulantes do ponto de vista intelectual. Por conseguinte, é provável que o pessoal experimente uma maior satisfação profissional. O pacote salarial associado a estes postos de trabalho é também mais elevado.

9.   Comunicação - Com a ajuda da tecnologia da informação, a comunicação também se tornou mais barata, mais rápida e mais eficiente. Atualmente, podemos comunicar com qualquer pessoa em todo o mundo, bastando enviar uma mensagem de texto ou um e-mail para obter uma resposta quase instantânea. A Internet também permitiu a comunicação direta, cara a cara, a partir de diferentes partes do mundo, graças à ajuda da videoconferência.

10.   Colmatar o fosso cultural - As tecnologias da informação contribuíram para colmatar o fosso cultural, ajudando as pessoas de culturas diferentes a comunicar entre si e permitindo a troca de pontos de vista e ideias, aumentando assim a sensibilização e reduzindo os preconceitos.

11.   Mais tempo - As TI tornaram possível que as empresas estejam abertas 24 horas por dia, 7 dias por semana, em todo o mundo. Isto significa que uma empresa pode estar aberta em qualquer altura e em qualquer lugar, tornando as compras em diferentes países mais fáceis e mais convenientes. Significa também que as mercadorias podem ser entregues diretamente à sua porta sem ter de mover um único músculo.

12.   Criação de novos empregos - Provavelmente, a melhor vantagem da tecnologia da informação é a criação de novos e interessantes empregos. Programadores informáticos, analisadores de sistemas, programadores de hardware e software e web designers são apenas algumas das muitas novas oportunidades de emprego criadas com a ajuda das TI.

Desemprego - Embora as tecnologias da informação possam ter simplificado o processo empresarial, também criaram despedimentos, redução de efectivos e externalização. Isto significa que muitos postos de trabalho de nível inferior e médio foram eliminados, provocando o desemprego de mais pessoas.

Privacidade - Embora a tecnologia da informação possa ter tornado a comunicação mais rápida, mais fácil e mais cómoda, também trouxe consigo problemas de privacidade. Desde a interceção de sinais de telemóveis até à pirataria de correio eletrónico, as pessoas estão agora preocupadas com o facto de as suas informações, outrora privadas, se tornarem do conhecimento público.

Falta de segurança no emprego - Os peritos do sector consideram que a Internet tornou a segurança no emprego um grande problema, uma vez que a tecnologia está sempre a mudar todos os dias. Isto significa que uma pessoa tem de estar em constante aprendizagem, se quiser que o seu emprego seja seguro.

Cultura dominante - Embora as tecnologias da informação possam ter transformado o mundo numa aldeia global, também contribuíram para que uma cultura dominasse outra mais fraca. Por exemplo, atualmente argumenta-se que os EUA influenciam a forma como a maioria dos jovens adolescentes de todo o mundo age, veste e se comporta. As línguas também foram ofuscadas, com o inglês a tornar-se o principal meio de comunicação para os negócios e para tudo o resto.

<u>EXTRANET</u>

Uma **extranet** é uma rede privada que utiliza protocolos de Internet, conetividade de rede e, possivelmente, o sistema público de telecomunicações para partilhar de forma segura parte das informações ou operações de uma organização com fornecedores, vendedores, parceiros, clientes ou outras empresas. Uma extranet pode ser vista como parte da Intranet de uma empresa que é alargada a utilizadores fora da empresa (por exemplo: normalmente através da Internet). Também tem sido descrita como um "estado de espírito" em que a Internet é vista como uma forma de fazer negócios com um conjunto pré-aprovado de outras empresas empresa-a-empresa (B2B), isoladamente de todos os outros utilizadores da Internet. Em contrapartida, o business-to-consumer (B2C) envolve servidor(es) conhecido(s) de uma ou mais empresas, que comunicam com utilizadores consumidores previamente desconhecidos.

Resumidamente, uma **extranet** pode ser entendida como **uma intranet privada mapeada na Internet** ou noutro sistema de transmissão não acessível ao público em geral, mas gerida por mais do que um administrador(es) da empresa. Por exemplo, as redes militares de diferentes níveis de segurança podem ser mapeadas para um sistema comum de transmissão de rádio militar que nunca se liga à Internet. Qualquer rede privada mapeada numa rede pública é uma rede privada virtual (VPN). Em contrapartida, uma intranet é uma VPN sob o controlo do(s) administrador(es) de uma única empresa.

Tem-se argumentado que "extranet" é apenas uma palavra-chave para descrever o que as instituições têm vindo a fazer há décadas, ou seja, interligarem-se umas às outras para criar redes privadas de partilha de informação. No entanto, uma das diferenças que caracterizam uma extranet é que as suas interligações são feitas através de uma rede partilhada e não através de linhas físicas dedicadas. No que respeita às redes de Protocolo Internet, o RFC 2547 afirma que "se todos os sites numa VPN pertencerem à mesma empresa, a VPN é uma intranet empresarial. Se os vários sítios de uma VPN pertencerem a empresas diferentes, a VPN é uma extranet. Um sítio pode estar em mais do que uma VPN; por exemplo, numa intranet e em várias extranets. Consideramos que tanto as intranets como as extranets são VPN s. Em geral, quando utilizamos o termo VPN não estamos a distinguir entre intranets e extranets. Mesmo que este argumento seja válido, o termo "extranet" continua a ser aplicado e pode ser utilizado para eliminar a utilização da descrição acima.

INTERNET

A **Internet** é uma série de redes informáticas interligadas, acessíveis ao público em todo o mundo, que transmitem dados por comutação de pacotes utilizando o protocolo Internet (IP) padrão. É uma "rede de redes" que consiste em milhões de pequenas redes domésticas, académicas, empresariais e governamentais que, em conjunto, transportam várias informações e serviços, como correio eletrónico, conversação em linha, transferência de ficheiros e as páginas Web interligadas e outros documentos da World Wide Web.

Protocolos da Internet

Neste contexto, existem três camadas de protocolos:

* No nível inferior (camada 3 do OSI) está o IP (Internet Protocol), que define os gramas ou pacotes de dados que transportam blocos de dados de um nó para outro. A grande maioria da Internet atual utiliza a versão quatro do protocolo IP (ou seja, IPv4) e, embora o IPv6 esteja normalizado, existe apenas em "ilhas" de conetividade, havendo muitos ISP sem

qualquer conetividade IPv6. O ICMP (Internet Control Message Protocol) também existe a este nível. O ICMP não tem ligação; é utilizado para fins de controlo, sinalização e comunicação de erros.

- O TCP (Transmission Control Protocol) e o UDP (User Datagram Protocol) existem no nível seguinte (nível 4 do OSI); são os protocolos através dos quais os dados são transmitidos. O TCP estabelece uma "ligação" virtual, o que dá um certo nível de garantia de fiabilidade. O UDP é um transporte de melhor esforço, sem ligação, em que os pacotes de dados que se perdem em trânsito não são reenviados.

- Os protocolos de aplicação assentam no topo do TCP e do UDP e ocupam as camadas 5, 6 e 7 do modelo OSI. Estes protocolos definem as mensagens específicas e os formatos de dados enviados e compreendidos pelas aplicações executadas em cada extremidade da comunicação. Exemplos desses protocolos são HTTP, FTP e SMTP.

Estrutura da Internet

Foram efectuadas muitas análises da Internet e da sua estrutura. Por exemplo, foi determinado que a estrutura de encaminhamento IP da Internet e as ligações de hipertexto da World Wide Web são exemplos de redes sem escala. À semelhança do modo como os fornecedores comerciais da Internet se ligam através de pontos de troca de tráfego na Internet, as redes de investigação tendem a interligar-se em grandes sub-redes, tais como:

GEANTE

GLORIAD

A rede Internet2 (formalmente conhecida como a rede Abilene) JANET (a rede nacional de investigação e ensino do Reino Unido)

Utilizações comuns da Internet

1. Correio eletrónico

O conceito de envio de mensagens de texto electrónicas entre as partes, de forma análoga ao envio de cartas ou memorandos, é anterior à criação da Internet. Ainda hoje pode ser importante distinguir entre a Internet e os sistemas de correio eletrónico internos. O correio eletrónico da Internet pode viajar e ser armazenado sem encriptação em muitas outras redes e máquinas fora do controlo do remetente e do destinatário. Durante esse tempo, é perfeitamente possível que o conteúdo seja lido e até adulterado por terceiros, se alguém o considerar suficientemente importante. Os sistemas de correio puramente internos ou de intranet, em que a informação nunca sai da rede da empresa ou organização, são muito mais seguros, embora em qualquer organização haja pessoal de TI e outro pessoal cujo trabalho pode envolver a monitorização e, ocasionalmente, o acesso ao correio eletrónico de outros funcionários que não lhes são dirigidos.

2. A World Wide Web

Representação gráfica de menos de 0,0001% da WWW, representando algumas das hiperligaçõesMuitas pessoas utilizam os termos Internet e World Wide Web (ou apenas Web) indistintamente, mas os dois termos não são sinónimos. A World Wide Web é um enorme conjunto de documentos, imagens e outros recursos interligados, ligados por hiperligações e URLs. Estas hiperligações e URLs permitem que os servidores Web e outras máquinas que armazenam os originais e as cópias em cache destes recursos os forneçam conforme necessário, utilizando o HTTP. O HTTP é apenas um dos protocolos de comunicação utilizados na Internet. Os serviços Web também utilizam o HTTP para permitir que os sistemas de software comuniquem de modo a partilhar e trocar dados e lógica empresarial. Os produtos de software que podem aceder aos recursos da Web são corretamente designados por agentes do utilizador. Em utilização normal, os navegadores Web, como o Internet Explorer e o Firefox, acedem a páginas Web e permitem aos utilizadores navegar de uma para outra através de hiperligações. Os documentos da Web podem conter quase todas as combinações de dados informáticos, incluindo fotografias, gráficos, sons, texto, vídeo, multimédia e conteúdos interactivos, incluindo jogos, aplicações de escritório e demonstrações científicas. Através da pesquisa na Internet por palavras-chave, utilizando motores de busca como o Yahoo! e o Google, milhões de pessoas em todo o mundo têm acesso fácil e instantâneo a uma vasta e diversificada quantidade de informação em linha. Em comparação com as enciclopédias e as bibliotecas tradicionais, a World Wide Web permitiu uma descentralização súbita e extrema da informação e dos dados.

Com a Web, é também mais fácil do que nunca para os indivíduos e as organizações publicarem ideias e informações a um público extremamente vasto. Qualquer pessoa pode encontrar formas de publicar uma página Web ou de construir um sítio Web por um custo inicial muito reduzido. No entanto, a publicação e a manutenção de sítios Web profissionais de grandes dimensões, repletos de informações atractivas, diversificadas e actualizadas, continua a ser uma proposta difícil e dispendiosa.

Muitos indivíduos e algumas empresas e grupos utilizam "Web logs" ou blogues, que são largamente utilizados como diários em linha facilmente actualizáveis. Algumas organizações comerciais incentivam o pessoal a preenchê-los com conselhos sobre as suas áreas de especialização, na esperança de que os visitantes fiquem impressionados com o conhecimento especializado e a informação gratuita e, consequentemente, sejam atraídos para a empresa. Um exemplo desta prática é a Microsoft, cujos criadores de produtos publicam os seus blogues pessoais para despertar o interesse do público pelo seu trabalho. As colecções de páginas Web pessoais publicadas por grandes fornecedores de serviços continuam a ser populares e tornaram-se cada vez mais sofisticadas. Enquanto operações como Angel fire e Geo Cities existem desde os primórdios da Web, as ofertas mais recentes, por exemplo, do Face book e do My Space, têm atualmente um grande número de seguidores. Estas operações apresentam-se muitas vezes como serviços de redes sociais e não apenas como anfitriões de páginas Web.

A publicidade em páginas Web populares pode ser lucrativa e o comércio eletrónico ou a venda de produtos e serviços diretamente através da Web continua a crescer.

No início, as páginas Web eram normalmente criadas como conjuntos de ficheiros de texto HTML completos e isolados, armazenados num servidor Web. Mais recentemente, os sítios Web são mais frequentemente criados utilizando software de sistema de gestão de conteúdos (CMS) com, inicialmente, muito pouco conteúdo. Os utilizadores do CMS, que podem ser pessoal remunerado, membros de um clube ou outra organização, ou mesmo membros do público, preenchem a base de dados do CMS com conteúdos utilizando páginas de edição concebidas para o efeito, enquanto os visitantes ocasionais vêem e lêem esses conteúdos na sua forma HTML final. Pode ou não haver sistemas editoriais, de aprovação e de segurança integrados no processo de recolha de conteúdos recém-introduzidos e sua disponibilização aos visitantes-alvo.

3. <u>Acesso remoto</u>

A Internet permite que os utilizadores de computadores se liguem facilmente a outros computadores e a armazéns de informação, onde quer que se encontrem no mundo. Podem fazê-lo com ou sem a utilização de tecnologias de segurança, autenticação e encriptação, consoante os requisitos.

Isto está a encorajar novas formas de trabalho a partir de casa, de colaboração e de partilha de informação em muitas indústrias. Um contabilista sentado em casa pode auditar os livros de uma empresa sediada noutro país, num servidor situado num terceiro país que é mantido à distância por especialistas em TI num quarto país. Estas contas poderiam ter sido criadas por contabilistas que trabalham em casa, noutros locais remotos, com base em informações que lhes são enviadas por correio eletrónico a partir de escritórios em todo o mundo. Algumas destas coisas eram possíveis antes da utilização generalizada da Internet, mas o custo das linhas privadas alugadas teria tornado muitas delas inviáveis na prática.

Um trabalhador de escritório longe da sua secretária, talvez do outro lado do mundo numa viagem de negócios ou de férias, pode abrir uma sessão de **ambiente de trabalho remoto** no seu PC normal do escritório utilizando uma ligação segura de Rede Privada Virtual (VPN) através da Internet. Isto dá ao trabalhador acesso completo a todos os seus ficheiros e dados normais, incluindo correio eletrónico e outras aplicações, enquanto está fora do escritório.

Este conceito é também referido por alguns responsáveis pela segurança das redes como o Pesadelo Privado Virtual, porque estende o perímetro de segurança de uma rede empresarial até às casas dos seus empregados; isto tem sido a fonte de algumas violações de segurança notáveis, mas também proporciona segurança aos trabalhadores.

4. <u>Colaboração</u>

O baixo custo e a partilha quase instantânea de ideias, conhecimentos e competências tornaram o trabalho em colaboração dramaticamente mais fácil. Não só um grupo pode comunicar e testar a baixo custo, como o vasto alcance da Internet permite que tais grupos se formem facilmente, mesmo entre interesses de nicho. Um exemplo disto é o movimento do software livre no desenvolvimento de software, que produziu o GNU e o Linux a partir do zero e assumiu o desenvolvimento do Mozilla e do OpenOffice.org (anteriormente conhecido como Netscape Communicator e StarOffice).

A "conversação" na Internet, quer sob a forma de "salas de conversação" ou canais IRC, quer através de sistemas de mensagens instantâneas, permite que os colegas se mantenham em contacto de uma forma muito conveniente quando trabalham nos seus computadores durante o dia. As mensagens podem ser enviadas e visualizadas de forma ainda mais rápida e conveniente do que através do correio eletrónico. A extensão destes sistemas pode permitir a troca de ficheiros, a partilha de desenhos em "quadros brancos" e o contacto por voz e vídeo entre os membros da equipa.

Os sistemas de controlo de versões permitem que as equipas colaboradoras trabalhem em conjuntos de documentos partilhados sem terem de substituir acidentalmente o trabalho uns dos outros ou sem terem de esperar que os documentos lhes sejam "enviados" para poderem acrescentar as suas ideias e alterações.

5. **Partilha de ficheiros**

Um ficheiro informático pode ser enviado por correio eletrónico a clientes, colegas e amigos como anexo. Pode ser carregado num sítio Web ou num servidor FTP para ser facilmente descarregado por outros. Pode ser colocado numa "localização partilhada" ou num servidor de ficheiros para utilização imediata pelos colegas. A carga de descarregamentos em massa para muitos utilizadores pode ser facilitada pela utilização de servidores "espelho" ou redes peer-to-peer. Em qualquer um destes casos, o acesso ao ficheiro pode ser controlado pela autenticação do utilizador; o trânsito do ficheiro na Internet pode ser obscurecido por cifragem e o dinheiro pode mudar de mãos antes ou depois de ser dado acesso ao ficheiro. O preço pode ser pago através da cobrança remota de fundos, por exemplo, de um cartão de crédito cujos dados também são transmitidos - de preferência totalmente encriptados - através da Internet.

A origem e a autenticidade do ficheiro recebido podem ser verificadas por assinaturas digitais ou por MD5 ou outros resumos de mensagens.

Estas caraterísticas simples da Internet, a nível mundial, estão a mudar a base da produção, venda e distribuição de tudo o que possa ser reduzido a um ficheiro informático para transmissão. Isto inclui todo o tipo de publicações impressas, produtos de software, notícias, música, filmes, vídeos, fotografias, gráficos e outras artes. Isto, por sua vez, provocou mudanças sísmicas em cada uma das indústrias existentes que anteriormente controlavam a produção e a distribuição destes produtos no país.

A tecnologia de colaboração na Internet permite que as equipas empresariais e de projeto partilhem documentos, calendários e outras informações. Esta colaboração ocorre numa grande variedade de áreas, incluindo a investigação científica, o desenvolvimento de software, o planeamento de conferências, o ativismo político e a escrita criativa.

6. **Meios de transmissão em fluxo contínuo**

Muitos dos actuais organismos de radiodifusão sonora e televisiva fornecem "feeds" na Internet dos seus fluxos de áudio e vídeo em direto (por exemplo, a BBC e Rush Limbaugh). Podem também permitir o visionamento ou a audição em intervalos de tempo, como as funções Preview, Classic Clips e Listen Again. A estes fornecedores juntou-se uma série de "organismos de radiodifusão" puros da Internet que nunca tiveram licenças de transmissão em direto. Isto significa que um dispositivo ligado à Internet, como um computador ou algo mais específico, pode ser utilizado para aceder a meios de comunicação em linha da mesma forma que anteriormente só era possível com um recetor de televisão ou de rádio. A gama de material é muito mais vasta, desde pornografia a Web-casts técnicos altamente especializados. O podcasting é uma variação deste tema, em que - normalmente - o material áudio é primeiro descarregado na íntegra e depois pode ser reproduzido num computador ou transferido para um leitor de áudio digital para ser ouvido em movimento. Estas técnicas, que utilizam equipamento simples, permitem a qualquer pessoa, com pouca censura ou controlo de licenças, difundir material audiovisual a nível mundial.

As câmaras Web podem ser vistas como uma extensão ainda mais barata deste fenómeno. Embora algumas webcams possam fornecer vídeo com taxa de fotogramas completa, a imagem é normalmente pequena ou actualiza-se lentamente. Os utilizadores da Internet podem observar animais num charco africano, navios no Canal do Panamá, o trânsito numa rotunda local ou as suas próprias instalações, em direto e em tempo real. As salas de conversação vídeo, as videoconferências e as webcams controláveis à distância também são populares. Podem ser encontradas muitas utilizações para as câmaras Web pessoais dentro e fora de casa, com e sem som bidirecional.

7. **Telefonia vocal (VoIP)**

VoIP significa Voz sobre IP, em que IP se refere ao Protocolo Internet que está na base de todas as comunicações via Internet. Este fenómeno começou como uma extensão opcional de voz bidirecional para alguns dos sistemas de mensagens instantâneas que surgiram por volta do ano 2000. Nos últimos anos, muitos sistemas VoIP tornaram-se tão fáceis de utilizar e tão cómodos como um telefone normal. A vantagem é que, como a Internet transporta o tráfego de voz real, a Vo IP pode ser gratuita ou custar muito menos do que uma chamada telefónica normal, especialmente em longas distâncias e especialmente para quem tem ligações à Internet sempre activas, como cabo ou ADSL.

Assim, o Vo IP está a amadurecer e a tornar-se uma alternativa viável aos telefones tradicionais. A interoperabilidade entre diferentes fornecedores melhorou e existe a possibilidade de telefonar ou receber uma chamada a partir de um telefone tradicional. Estão atualmente disponíveis modems Vo IP simples e baratos que eliminam a necessidade de um PC.

A qualidade da voz pode ainda variar de chamada para chamada, mas é frequentemente igual e pode mesmo exceder a das chamadas tradicionais.

Os problemas remanescentes da Vo IP incluem a marcação de números de telefone de emergência e a fiabilidade. Atualmente, alguns fornecedores de Vo IP fornecem um serviço de emergência, mas este não está universalmente disponível. Os telefones tradicionais são alimentados por linha e funcionam durante uma falha de energia, mas o VoIP não o faz sem uma fonte de energia de reserva para os componentes electrónicos.

A maioria dos fornecedores de Vo IP oferece chamadas nacionais ilimitadas, mas a direção do Vo IP é claramente no sentido de uma cobertura global com minutos ilimitados por uma taxa mensal baixa.

O VoIP também se tornou cada vez mais popular no mundo dos jogos, como forma de comunicação entre jogadores. Os clientes populares de Vo IP para jogos incluem o Ventrilo e o Team speak, havendo também outros disponíveis.

8. Censura

Alguns governos, como os de Cuba, do Irão, da Coreia do Norte, da República Popular da China e da Arábia Saudita, restringem o acesso à Internet das pessoas nos seus países, especialmente no que se refere a conteúdos políticos e religiosos. Isto é conseguido através de software que filtra domínios e conteúdos de modo a que não possam ser facilmente acedidos ou obtidos sem uma evasão elaborada.

Na Noruega, na Finlândia e na Suécia, os principais fornecedores de serviços Internet concordaram voluntariamente (possivelmente para evitar que um acordo deste tipo fosse transformado em lei) em restringir o acesso a sítios listados pela polícia. Embora esta lista de URLs proibidos deva conter apenas endereços de sítios de pornografia infantil conhecidos, o conteúdo da lista é secreto.

Muitos países adoptaram leis que tornam ilegal a posse ou distribuição de determinado material, como a pornografia infantil, mas não utilizam software de filtragem.

Existem muitos programas de software gratuitos e comercialmente disponíveis com os quais um utilizador pode optar por bloquear sítios Web ofensivos em computadores ou redes individuais, por exemplo, para limitar o acesso de uma criança a pornografia ou violência.

9. Acesso à Internet

Os métodos comuns de acesso doméstico incluem a ligação telefónica, a banda larga fixa (através de cabo coaxial, fibra ótica ou fios de cobre), Wi - Fi, satélite e telemóveis com tecnologia 3G.

Os locais públicos para utilizar a Internet incluem bibliotecas e cibercafés, onde estão disponíveis computadores com ligação à Internet. Existem também pontos de acesso à Internet em muitos locais públicos, como átrios de aeroportos e cafés, em alguns casos apenas para uma breve utilização enquanto se está de pé. São utilizados vários termos, como "quiosque público de Internet", "terminal de acesso público" e "cabina Web". Atualmente, muitos hotéis também dispõem de terminais públicos, embora estes sejam normalmente pagos.

O Wi- Fi permite o acesso sem fios a redes informáticas e, por conseguinte, à própria Internet. Os pontos de acesso que fornecem esse tipo de acesso incluem os cafés Wi - Fi, em que um potencial utilizador tem de trazer os seus próprios dispositivos sem fios, como um computador portátil ou um PDA. Estes serviços podem ser gratuitos para todos, gratuitos apenas para clientes ou pagos. Um hotspot não precisa de estar limitado a um local restrito. Pode ser ativado em todo o campus ou parque, ou mesmo em toda a cidade. Esforços de base conduziram a redes comunitárias sem fios. Em Londres, Viena, Toronto, São Francisco, Filadélfia, Chicago e Pittsburgh, existem serviços comerciais de Wi Fi que cobrem grandes áreas urbanas. A Internet pode então ser acedida a partir de locais como um banco de jardim.

Para além do Wi - Fi, foram feitas experiências com redes móveis sem fios próprias, como o Ricochet, vários serviços de dados de alta velocidade através de redes de telemóveis e serviços fixos sem fios.

Os telemóveis topo de gama, como os telemóveis inteligentes, têm geralmente acesso à Internet através da rede telefónica. Os navegadores Web, como o Opera, estão disponíveis nestes telemóveis avançados, que também podem executar uma grande variedade de outro software para a Internet. Há mais telemóveis com acesso à Internet do que PCs, embora este não seja tão amplamente utilizado. Um fornecedor de acesso à Internet e uma matriz de protocolos diferenciam os métodos utilizados para aceder à Internet.

10. Lazer

A Internet tem sido uma importante fonte de lazer desde antes da World Wide Web, com experiências sociais divertidas, como MUD s e MOO s, realizadas em servidores universitários, e grupos da Usenet relacionados com humor que recebem grande parte do tráfego principal. Hoje em dia, muitos fóruns da Internet têm secções dedicadas a jogos e vídeos engraçados; os desenhos animados curtos sob a forma de filmes Flash também são populares. Mais de 6 milhões de pessoas utilizam blogues ou quadros de mensagens como meio de comunicação e de partilha de ideias.

Os sectores da pornografia e dos jogos de azar tiraram pleno partido da World Wide Web e constituem frequentemente uma fonte significativa de receitas publicitárias para outros sítios Web. Embora muitos governos tenham tentado impor restrições à utilização da Internet por ambas as indústrias, tal não conseguiu impedir a sua popularidade generalizada. Uma canção do espetáculo musical da Broadway Avenue Q intitula-se "The Internet is for Porn" e refere-se à popularidade deste aspeto da Internet.

Um dos principais domínios de lazer na Internet é o dos jogos multijogadores. Esta forma de lazer cria comunidades, reunindo pessoas de todas as idades e origens para desfrutarem do mundo acelerado dos jogos multijogadores. Estes jogos vão desde os MMORPG aos jogos de tiro na primeira pessoa, dos jogos de interpretação de papéis aos jogos de azar em linha. Isto revolucionou a forma como muitas pessoas interagem e passam o seu tempo livre na Internet.

Embora os jogos em linha existam desde a década de 1970, os modos modernos de jogos em linha começaram com serviços como o Game Spy e o M Player , que os jogadores de jogos normalmente subscreviam. Os não assinantes estavam limitados a certos tipos de jogos ou a certos jogos.

Muitos utilizam a Internet para aceder e descarregar música, filmes e outras obras para seu divertimento e relaxamento. Como já foi referido, existem fontes pagas e não pagas para todos estes fins, que utilizam servidores centralizados e tecnologias distribuídas peer-to-peer. É necessário discrição, uma vez que algumas destas fontes têm mais cuidado com os direitos dos artistas originais e com as leis de direitos de autor do que outras.

Muitos utilizam a World Wide Web para aceder a notícias, boletins meteorológicos e desportivos, para planear e reservar férias e para saber mais sobre as suas ideias aleatórias e interesses casuais.

As pessoas utilizam o chat, as mensagens e o correio eletrónico para criar e manter o contacto com amigos de todo o mundo, por vezes da mesma forma que antigamente alguns tinham amigos por correspondência. Os sítios Web de redes sociais, como o Friends Reunited e muitos outros semelhantes, também põem e mantêm as pessoas em contacto para seu divertimento.

A Internet tem assistido a uma quantidade crescente de sistemas operativos para a Internet, nos quais os utilizadores podem aceder aos seus ficheiros, pastas e definições através da Internet. Um exemplo de um sistema operativo web de código aberto é o Eye OS.

O cyberslacking tornou-se um sério sorvedouro de recursos empresariais; o empregado médio do Reino Unido passa 57 minutos por dia a navegar na Web no trabalho, de acordo com um estudo da Peninsula Business Services .

11. Arquitetura complexa

Muitos cientistas informáticos vêem a Internet como um "excelente exemplo de um sistema de grande escala, altamente projetado, mas altamente complexo". A Internet é extremamente heterogénea. (Por exemplo, as taxas de transferência de dados e as caraterísticas físicas das ligações variam muito). A Internet apresenta "fenómenos emergentes" que dependem da sua organização em grande escala. Por exemplo, as taxas de transferência de dados apresentam uma auto-similaridade temporal. A complexidade da Internet é ainda agravada pela possibilidade de mais do que um computador utilizar a Internet através de um único nó, criando assim a possibilidade de uma sub-rede muito profunda e hierarquizada que, teoricamente, pode ser alargada infinitamente (não tendo em conta as limitações programáticas do protocolo IPv4). No entanto, uma vez que os princípios desta arquitetura datam dos anos 60, pode não ser a solução mais adequada às necessidades modernas, pelo que está a ser estudada a possibilidade de desenvolver estruturas alternativas. Graças a estudos efectuados na Universidade Hebraica de Jerusalém, foi demonstrado que a Internet tem a forma de uma esfera ou medusa. Esta esfera tem 3 secções. O núcleo da Internet é constituído por cerca de uma centena de sub-redes com ligações mais estreitas, como o Google **12. Marketing**

A Internet tornou-se também um grande mercado para as empresas; algumas das maiores empresas actuais cresceram tirando partido da natureza eficiente da publicidade e do comércio a baixo custo através da Internet, também conhecido como comércio eletrónico. É a forma mais rápida de divulgar informação a um grande número de pessoas em simultâneo. A Internet também revolucionou posteriormente as compras - por exemplo, uma pessoa pode encomendar um CD online e recebê-lo pelo correio dentro de alguns dias, ou descarregá-lo diretamente em alguns casos. Exemplos de marketing personalizado incluem comunidades em linha, como o MySpace, Friend ster, Orkut, Facebook e outras, às quais milhares de utilizadores da Internet aderem para se publicitarem e fazerem amigos em linha. Muitos destes utilizadores são jovens adolescentes e jovens com idades compreendidas entre os 13 e os 25 anos. Por sua vez, ao anunciarem-se, anunciam interesses e passatempos, que as empresas de marketing em linha podem utilizar como informação sobre o que esses utilizadores comprarão em linha, e anunciam as Extranets personalizadas das suas próprias empresas

Intranet

As intranets diferem das "extranets" na medida em que as primeiras são geralmente restritas aos funcionários da organização, enquanto as extranets podem geralmente ser acedidas por clientes, fornecedores ou outras partes aprovadas.

Não tem necessariamente de haver qualquer acesso da rede interna da organização à própria Internet. Quando esse acesso é fornecido, é normalmente através de um gateway com uma firewall, juntamente com a autenticação do utilizador, a encriptação de mensagens e, muitas vezes, a utilização de redes privadas virtuais (VPN). Através destes dispositivos e sistemas, os trabalhadores externos podem aceder às informações da empresa, aos recursos informáticos e às comunicações internas. Cada vez mais, as intranets são utilizadas para fornecer ferramentas e aplicações, por exemplo, colaboração (para facilitar o trabalho em grupo e a teleconferência) ou diretórios empresariais sofisticados, ferramentas de vendas e CRM, gestão de projectos, etc., para aumentar a produtividade.

As intranets estão também a ser utilizadas como plataformas de mudança cultural. Por exemplo, um grande número de trabalhadores que discutem questões fundamentais num fórum em linha pode dar origem a novas ideias.

O tráfego da Intranet, tal como o tráfego de sítios Web públicos, é melhor compreendido através da utilização de software de métricas Web para acompanhar a atividade global, bem como através de inquéritos aos utilizadores.

As equipas de "Experiência do utilizador", "Editorial" e "Tecnologia" da intranet trabalham em conjunto para produzir sites internos. Normalmente, as intranets são propriedade das áreas de comunicação, RH ou CIO de grandes organizações, ou de uma combinação das três.

Vantagens das Intranets

1.	Produtividade da força de trabalho: As intranets podem ajudar os utilizadores a localizar e visualizar informações mais rapidamente e a utilizar aplicações relevantes para as suas funções e responsabilidades. Com a ajuda de uma interface de navegador Web, como o Internet Explorer ou o Firefox, os utilizadores podem aceder a dados contidos em qualquer base de dados que a organização pretenda disponibilizar, a qualquer momento e - sujeito a disposições de segurança - a partir de qualquer local dentro dos postos de trabalho da empresa, aumentando a capacidade dos funcionários para desempenharem as suas funções mais rapidamente, com maior precisão e com a certeza de que têm a informação correta. Também ajuda a melhorar os serviços prestados aos utilizadores.

2. Tempo: Com as intranets, as organizações podem disponibilizar mais informações aos funcionários numa base de "puxar" (ou seja, os funcionários podem ligar-se a informações relevantes no momento que lhes convém) em vez de serem inundados indiscriminadamente por e-mails.

3. Comunicação: As intranets podem servir como ferramentas poderosas para a comunicação dentro de uma organização, vertical e horizontalmente. Do ponto de vista da comunicação, as intranets são úteis para comunicar iniciativas estratégicas que têm um alcance global em toda a organização. O tipo de informação que pode ser facilmente transmitida é o objetivo da iniciativa e o que esta pretende alcançar, quem está a conduzir a iniciativa, os resultados alcançados até à data e com quem falar para obter mais informações. Ao disponibilizar estas informações na intranet, o pessoal tem a oportunidade de se manter atualizado sobre a orientação estratégica da organização.

4. A publicação na Web permite que o conhecimento empresarial "pesado" seja mantido e facilmente acedido em toda a empresa utilizando tecnologias hipermédia e Web. Os exemplos incluem: manuais dos empregados, documentos sobre benefícios, políticas da empresa, normas comerciais, feeds de notícias e até formação, que podem ser acedidos utilizando normas comuns da Internet (ficheiros Acrobat, ficheiros Flash, aplicações CGI). Uma vez que cada unidade de negócio pode atualizar a cópia online de um documento, a versão mais recente está sempre disponível para os colaboradores que utilizam a intranet.

5. Operações e gestão empresariais: As intranets estão também a ser utilizadas como plataforma para desenvolver e implementar aplicações de apoio às operações e decisões empresariais em toda a empresa ligada à Internet.

6. Rentável: Os utilizadores podem visualizar informações e dados através de um webbrowser em vez de manterem documentos físicos, como manuais de procedimentos, listas telefónicas internas e formulários de requisição.

7. Promover uma cultura empresarial comum: Todos os utilizadores visualizam a mesma informação na Intranet.

8. Melhorar a colaboração: Com a informação facilmente acessível a todos os utilizadores autorizados, o trabalho em equipa é facilitado.

9. Capacidade para várias plataformas: Os navegadores da Web compatíveis com os padrões estão disponíveis para Windows, Mac e UNIX.

Planear e criar uma Intranet

A maioria das organizações dedica recursos consideráveis ao planeamento e implementação da sua intranet, uma vez que esta é de importância estratégica para o sucesso da organização. Parte do planeamento incluiria tópicos como:

- O que esperam conseguir com a intranet

- Qual a pessoa ou departamento que "possuiria" (assumiria o controlo) a tecnologia e a implementação

- Como e quando os sistemas existentes serão eliminados/substituídos

- Como tencionam tornar a intranet segura

- Como é que vão garantir que o programa se mantém dentro dos limites das restrições legislativas e outras

- Nível de interatividade (por exemplo, wikis, formulários em linha) pretendido.

- A introdução de novos dados e a atualização dos dados existentes devem ser controladas ou desenvolvidas a nível central.

Para além das decisões relativas ao hardware e ao software (como os sistemas de gestão de conteúdos), às questões de participação (como o bom gosto, o assédio, a confidencialidade) e às funcionalidades a apoiar, a implementação efectiva incluiria passos como

1. Participação dos utilizadores para identificar as suas necessidades de informação.

2. Configurar um servidor Web com o hardware e o software corretos.

3. Configurar o acesso ao servidor Web utilizando uma rede TCP/IP.

4. Instalar os programas de utilizador em todos os computadores necessários.

5. Criar uma página inicial para o conteúdo a ser alojado.

6.   Envolvimento dos utilizadores no teste e promoção da utilização da intranet

Rede privada virtual

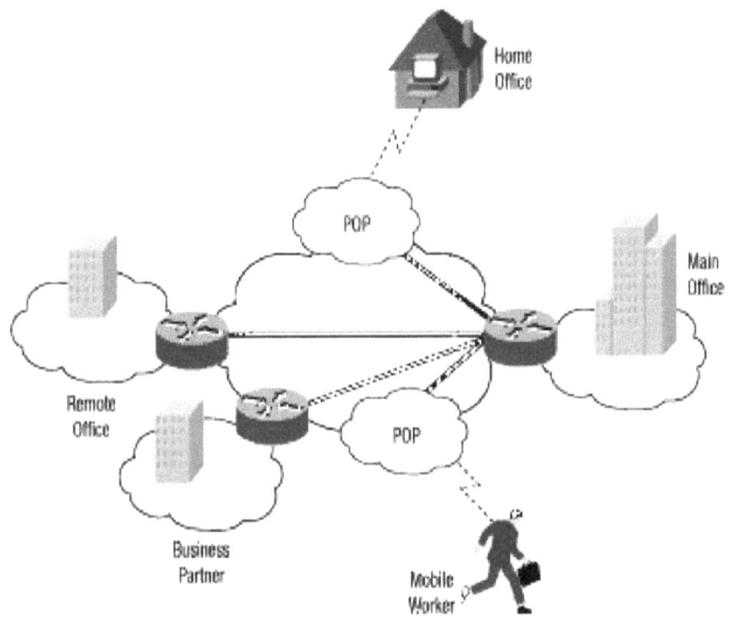

Uma rede privada virtual (VPN) é uma rede de comunicações ligada em túnel através de outra rede e dedicada a uma rede específica. Uma aplicação comum são as comunicações seguras através da Internet pública, mas uma VPN não precisa de ter caraterísticas de segurança explícitas, como a autenticação ou a encriptação de conteúdos. As VPN, por exemplo, podem ser utilizadas para separar o tráfego de diferentes comunidades de utilizadores através de uma rede subjacente com fortes caraterísticas de segurança.

Uma VPN pode ter um desempenho de melhor esforço, ou pode ter um Acordo de Nível de Serviço (SLA) definido entre o cliente VPN e o fornecedor de serviços VPN. Geralmente, uma VPN tem uma topologia mais complexa do que ponto-a-ponto. A caraterística distintiva das VPN não é a segurança ou o desempenho, mas o facto de se sobreporem a outra(s) rede(s) para fornecer uma determinada funcionalidade que é significativa para uma comunidade de utilizadores.

LAN

LAN (Local Area Network) - Uma rede que liga computadores numa área relativamente pequena, como um edifício. Uma rede local (LAN) fornece aplicações aos utilizadores locais e proporciona a infraestrutura para colaboração em grupo, partilha e transferência de ficheiros, impressão e o resto da experiência do utilizador. Os nossos projectos de LAN têm em conta as necessidades de resiliência, segurança, qualidade de serviço e escalabilidade

Wi-Fi

A Wi-Fi Alliance é um consórcio de empresas separadas e independentes que concordam com um conjunto de produtos interoperáveis comuns baseados na família de normas IEEE 802.11. A Wi-Fi certifica os produtos através de um conjunto de procedimentos de teste estabelecidos para estabelecer a interoperabilidade. Os fabricantes que são membros da Wi-Fi Alliance e cujos produtos passam nestes testes de interoperabilidade podem marcar os seus produtos e embalagens com o **logótipo Wi-Fi**.

Informações técnicas sobre Wi-Fi

Os produtos que passam com êxito os testes da Wi-Fi Alliance podem utilizar a marca Wi-Fi CERTIFIED. A Alliance testa e certifica a interoperabilidade de produtos LAN sem fios baseados nas normas IEEE 802.11. Estudos mostram que 88% dos consumidores preferem produtos que tenham sido testados por uma organização independente.

As tecnologias Wi-Fi passaram por várias gerações desde a sua criação em 1997. A tecnologia Wi-Fi é suportada, em diferentes graus, pelos sistemas operativos Microsoft Windows, Apple Macintosh e sistemas operativos de código aberto Unix e Linux. Ao contrário do que se pensa, Wi-Fi não é uma abreviatura de **"Wireless Fidelity" (fidelidade sem fios)**

Utilizações

Um dispositivo com Wi-Fi, como um PC, uma consola de jogos, um telemóvel, um leitor de MP3 ou um PDA, pode ligar-se à Internet quando estiver ao alcance de uma rede sem fios ligada à Internet. A área coberta por um ou mais pontos de acesso interligados é designada por hotspot. Os hotspots podem cobrir uma única divisão com paredes opacas ou muitos quilómetros quadrados cobertos por pontos de acesso sobrepostos. O Wi-Fi também pode ser utilizado para criar uma rede em malha. Ambas as arquitecturas são utilizadas em redes comunitárias.

O Wi-Fi também permite a conetividade no modo peer-to-peer (rede ad-hoc sem fios), que permite que os dispositivos se liguem diretamente entre si. Este modo de conetividade é útil em aplicações de eletrónica de consumo e de jogos.

Quando a tecnologia foi comercializada pela primeira vez, houve muitos problemas porque os consumidores não podiam ter a certeza de que os produtos de diferentes fornecedores funcionariam em conjunto. A Wi-Fi Alliance começou como uma comunidade para resolver este problema, de modo a satisfazer as necessidades do utilizador final e permitir que a tecnologia amadurecesse. A Alliance criou a marca Wi-Fi CERTIFIED para mostrar aos consumidores que os produtos são interoperáveis com outros produtos que apresentem a mesma marca.

Muitos dispositivos de consumo utilizam Wi-Fi. Entre outros, os computadores pessoais podem ligar-se em rede uns aos outros e ligar-se à Internet, os computadores móveis podem ligar-se à Internet a partir de qualquer ponto de acesso Wi-Fi e as câmaras digitais podem transferir imagens sem fios.

Os routers que incorporam um modem DSL ou por cabo e um ponto de acesso Wi-Fi são frequentemente utilizados em residências e outras instalações e fornecem acesso à Internet e ligação à Internet a todos os dispositivos ligados sem fios ou por cabo. Os dispositivos que suportam Wi-Fi também podem ser ligados em modo ad-hoc para ligações cliente a cliente sem um router.

O Wi-Fi empresarial e industrial está generalizado desde 2007. Em ambientes empresariais, o aumento do número de pontos de acesso Wi-Fi proporciona redundância, suporte para roaming rápido e maior capacidade global da rede através da utilização de mais canais ou da criação de células mais pequenas. O Wi-Fi permite aplicações de voz sem fios (Vo WLAN ou WVOIP). Ao longo dos anos, as implementações Wi-Fi evoluíram para pontos de acesso "finos", com mais inteligência de rede alojada num dispositivo de rede centralizado, relegando os pontos de acesso individuais para rádios "burros". As aplicações exteriores podem utilizar verdadeiras topologias de malha. A partir de 2007, as instalações Wi-Fi podem fornecer uma gateway de rede informática segura, uma firewall, um servidor DHCP, um sistema de deteção de intrusões e outras funções.

Para além da utilização restrita em residências e escritórios, o Wi-Fi está disponível ao público em hotspots Wi-Fi fornecidos gratuitamente ou a assinantes de vários fornecedores. Os hotspots gratuitos são frequentemente fornecidos por empresas, como hotéis, restaurantes e aeroportos, que oferecem o serviço para atrair ou ajudar os clientes. Por vezes, o Wi-Fi gratuito é fornecido por entusiastas ou por organizações ou autoridades que pretendem promover o negócio na sua área. A rede WiFi metropolitana (Mu-Fi) já tem mais de 300 projectos em curso.

Vantagens do Wi - Fi

O Wi-Fi permite a implantação de LANs sem cabos para dispositivos clientes, reduzindo normalmente os custos de implantação e expansão da rede. Os espaços onde não podem ser instalados cabos, como áreas exteriores e edifícios históricos, podem acolher LANs sem fios.

A partir de 2007, os adaptadores de rede sem fios estão integrados na maioria dos computadores portáteis modernos. O preço dos chipsets para Wi-Fi continua a baixar, tornando-o uma opção de rede económica incluída em cada vez mais dispositivos. A tecnologia Wi-Fi generalizou-se nas infra-estruturas das empresas, o que também contribui para a implantação da tecnologia RFID, que pode ser utilizada como um "piggyback" da tecnologia Wi-Fi

As diferentes marcas concorrentes de pontos de acesso e interfaces de rede de clientes são interoperáveis a um nível básico de serviço. Os produtos designados como "Wi-Fi Certified" pela Wi-Fi Alliance são interoperáveis para trás. O Wi-Fi é um conjunto global de normas. Ao contrário dos telemóveis, qualquer dispositivo Wi-Fi normalizado funciona em qualquer parte do mundo.

O Wi-Fi está amplamente disponível em mais de 250.000 hotspots públicos e em dezenas de milhões de casas e campus de empresas e universidades em todo o mundo. O WPA não é facilmente decifrado se forem utilizadas palavras-passe fortes e a encriptação WPA2 não tem pontos fracos conhecidos. Novos protocolos para Qualidade de Serviço (WMM) tornam o Wi-Fi mais adequado para aplicações sensíveis à latência (como voz e vídeo) e os mecanismos de poupança de energia (WMM Power Save) melhoram o funcionamento da bateria.

Desvantagens do Wi-Fi

As atribuições de espetro e as limitações operacionais não são consistentes a nível mundial. A maior parte da Europa permite mais 2 canais para além dos permitidos nos EUA para a banda de 2,4 GHz (1-13 vs. 1-11); o Japão tem mais um para além desse (1-14). A Europa, a partir de 2007, é agora essencialmente homogénea neste aspeto. Um aspeto muito confuso é o facto de um sinal WiFI ocupar, na verdade, cinco canais nos 2,4 GHz, resultando em apenas 3 canais não sobrepostos nos EUA: 1, 6, 11 e quatro na Europa: 1,5,9,13 Alguns países, como a Itália, exigiam anteriormente uma "autorização geral" para qualquer Wi-Fi utilizado fora das instalações de um operador, ou exigiam algo semelhante a um registo de operador A potência isotrópica radiada equivalente (EIRP) na UE está limitada a 20 dBm (0,1 W).

O consumo de energia é bastante elevado em comparação com algumas outras normas de baixa largura de banda, como o Zigbee e o Bluetooth, o que torna a duração da bateria uma preocupação.

A norma de encriptação sem fios mais comum, Wired Equivalent Privacy ou WEP, demonstrou ser facilmente violável, mesmo quando configurada corretamente. O Wi-Fi Protected Access (WPA e WPA2), que começou a ser comercializado em 2003, tem como objetivo resolver este problema e está agora disponível na maioria dos produtos. Os pontos de acesso Wi-Fi são normalmente predefinidos para um modo aberto (sem encriptação). Os utilizadores principiantes beneficiam de um dispositivo de configuração zero que funciona de imediato, mas esta predefinição não tem a segurança activada, fornecendo acesso sem fios aberto à sua LAN. Para ativar a segurança, o utilizador tem de configurar o dispositivo, normalmente através de uma interface gráfica do utilizador (GUI) de software. As redes Wi-Fi abertas (não encriptadas) podem ser monitorizadas e utilizadas para ler e copiar dados (incluindo informações pessoais) transmitidos através da rede, a menos que seja utilizado outro método de segurança para proteger os dados, como uma VPN ou uma página Web segura. (Ver HTTPS/Secure Socket Layer).

Muitos pontos de acesso 802.11b e 802.11g de 2,4 GHz têm como padrão o mesmo canal na inicialização, contribuindo para o congestionamento em determinados canais. Para alterar o canal de funcionamento de um ponto de acesso, o utilizador tem de configurar o dispositivo.

As redes Wi-Fi têm um alcance limitado. Um router doméstico Wi-Fi típico que utilize 802.11b ou 802.11g com uma antena de reserva pode ter um alcance de 32 m (120 pés) em espaços interiores e 95 m (300 pés) em espaços exteriores. O alcance também varia consoante a frequência

banda. O Wi-Fi no bloco de frequência de 2,4 GHz tem um alcance ligeiramente melhor do que o Wi-Fi no bloco de frequência de 5 GHz. O alcance exterior com antenas melhoradas (direcionais) pode ser de vários quilómetros ou mais com linha de vista. A poluição Wi-Fi, ou um número excessivo de pontos de acesso na área, especialmente no mesmo canal ou num canal vizinho, pode impedir o acesso e interferir com a utilização de outros pontos de acesso por terceiros, causada pela sobreposição de canais no espetro 802.11g/b, bem como pela diminuição da relação sinal/ruído (SNR) entre os pontos de acesso. Isto pode ser um problema em áreas de elevada densidade, como grandes complexos de apartamentos ou edifícios de escritórios com muitos pontos de acesso Wi-Fi. Além disso, outros dispositivos utilizam a banda de 2,4 GHz: fornos de micro-ondas, câmaras de segurança, dispositivos Bluetooth e (em alguns países) rádio amador, videoconferências, telefones sem fios e monitores para bebés podem causar interferências adicionais significativas. A orientação geral para quem sofre destas formas de interferência ou de congestionamento da rede é migrar para um produto WiFi de 5GHz (802.11a), normalmente um produto de banda dupla, uma vez que a banda de 5GHz está relativamente inutilizada e existem muitos mais canais disponíveis. Isto também requer que os utilizadores configurem a banda de 5GHz para ser a rede preferida no cliente e que configurem cada banda de rede com um nome diferente (SSID).

É também um problema quando os municípios, ou outras entidades de grande dimensão, como as universidades, procuram fornecer uma cobertura de grande área. Todos são considerados iguais para a norma de base sem 802.11e/WMM quando utilizam a banda. Esta abertura é também importante para o êxito e a utilização generalizada do Wi-Fi de 2,4 GHz, mas torna-o inadequado para funções de serviço público "obrigatórias" ou quando é necessária fiabilidade.

Os problemas de interoperabilidade entre marcas ou os desvios proprietários da norma podem interromper as ligações ou reduzir as velocidades de débito nos dispositivos de outros utilizadores que estejam dentro do alcance.

Dispositivos padrão

Os pontos de acesso sem fios ligam um grupo de dispositivos sem fios a uma LAN com fios adjacente. Um ponto de acesso é semelhante a um hub ethernet, retransmitindo dados entre dispositivos sem fios ligados, para além de um (normalmente) único dispositivo com fios ligado, na maioria das vezes um hub ou switch ethernet, permitindo que os dispositivos sem fios comuniquem com outros dispositivos com fios.

Os adaptadores sem fios permitem que os dispositivos se liguem a uma rede sem fios. Estes adaptadores ligam-se a dispositivos utilizando várias interligações externas ou internas, como PCI, miniPCI, USB, ExpressCard, Cardbus e placa PC. A maioria dos computadores portáteis mais recentes está equipada com adaptadores internos. As placas internas são geralmente mais difíceis de instalar.

Os routers sem fios integram WAP, comutador ethernet e aplicação interna de firmware de router que fornece encaminhamento IP, NAT e DNS através de uma interface WAN integrada. Um router sem fios permite a ligação de dispositivos LAN ethernet com e sem fios a um (normalmente) único dispositivo WAN, como um modem por cabo ou um modem DSL. Um router sem fios permite que os três dispositivos (principalmente o ponto de acesso e o router) sejam configurados através de um utilitário central. Este utilitário é, geralmente, um servidor Web integrado que serve páginas Web a clientes LAN com e sem fios e, muitas vezes, opcionalmente, a clientes WAN. Este utilitário também pode ser uma aplicação que é executada num computador de secretária, como o AirPort da Apple.

As pontes Ethernet sem fios ligam uma rede com fios a uma rede sem fios. Isto é diferente de um ponto de acesso, no sentido em que um ponto de acesso liga dispositivos sem fios a uma rede com fios na camada de ligação de dados. Duas pontes sem fios podem ser utilizadas para ligar duas redes com fios através de uma ligação sem fios, útil em situações em que uma ligação com fios pode não estar disponível, como entre duas casas separadas.

Os extensores de alcance sem fios ou repetidores sem fios podem aumentar o alcance de uma rede sem fios existente. Os extensores de alcance podem ser estrategicamente colocados para alongar uma área de sinal ou permitir que a área de sinal contorne barreiras, como as criadas em corredores em forma de L. Os dispositivos sem fios ligados através de repetidores sofrerão um aumento da latência em cada salto. Além disso, um dispositivo sem fios no final de uma cadeia de repetidores sem fios terá uma taxa de transferência limitada pelo elo mais fraco da cadeia de repetidores.

A maioria dos dispositivos comerciais (routers, pontos de acesso, pontes, repetidores) concebidos para ambientes domésticos ou empresariais utilizam conectores de antena RP-SMA ou RP-TNC. Os adaptadores sem fios PCI também utilizam principalmente conectores RP-SMA. A maior parte das placas PC e USB sem fios têm apenas antenas internas gravadas na placa de circuito impresso, enquanto algumas têm um conetor MMCX ou ligações externas MC-Card para além de uma antena interna. Algumas placas USB têm um conetor RP-SMA. A maioria das placas wireless Mini PCI utiliza conectores Hirose U.FL, mas as placas encontradas em vários aparelhos wireless contêm todos os conectores listados. Muitas antenas de alto ganho (e antenas de construção caseira) utilizam o conetor Tipo N, mais comumente usado por outros métodos de comunicação por rádio.

Dispositivos não normalizados

A ligação mais longa alguma vez conseguida foi efectuada pela agência espacial sueca. Atingiram 310 km, mas utilizaram amplificadores de 6 watts para chegar a um balão estratosférico suspenso. A ligação mais longa sem amplificação foi de 279 km na Venezuela, em 2006.

<u>Módulo incorporado de série para WiFi</u>

A disponibilidade de Wi-Fi em casa está a aumentar. Esta extensão da Internet ao espaço doméstico será cada vez mais utilizada para monitorização remota. Entre os exemplos de monitorização remota contam-se os sistemas de segurança e a telemedicina. Em todos estes tipos de implementação, se o fornecimento de Wi-Fi for efectuado através de um sistema com um dos sistemas operativos acima mencionados, torna-se inviável devido a questões de peso, consumo de energia e custos.

Cada vez mais nos últimos anos (em especial a partir do início de 2007), foram disponibilizados módulos Wi-Fi incorporados que incluem um sistema operativo em tempo real e fornecem um meio simples de ativar sem fios qualquer dispositivo que tenha uma porta série e comunique com ela. Isto permite a criação de dispositivos de monitorização simples - por exemplo, um monitor de ECG portátil ligado a um doente em casa. Este dispositivo com Wi-Fi torna-se efetivamente parte da nuvem da Internet e pode comunicar com qualquer outro nó na Internet. Os dados recolhidos podem ser transmitidos através do ponto de acesso Wi-Fi da casa para qualquer ponto da Internet. Estes módulos Wi-Fi foram concebidos de modo a que os projectistas necessitem de conhecimentos mínimos de Wi-Fi para ativar o seu produto sem fios.

Servidores

Servidor é um adjetivo no termo **sistema operativo de servidor**. Um sistema operativo de servidor destina-se, está habilitado ou é mais capaz de executar aplicações de servidor. As diferenças entre a versão de servidor e a versão de "estação de trabalho" de um sistema operativo variam. Por vezes (como no caso do Windows 2000 e do Windows 2000 Server), a principal diferença é a remoção de limites arbitrários dependentes da licença quanto ao número de ligações de partilha de ficheiros de rede aceites. Algumas edições de servidor incluem aplicações de servidor adicionais incluídas no sistema operativo. Algumas aplicações de servidor (por exemplo, o Microsoft IIS) impõem limites arbitrários ao número de ligações HTTP que aceitam, consoante estejam ou não a ser executadas num sistema operativo de servidor.

Um computador servidor (frequentemente designado por servidor) é um sistema informático que foi designado para executar uma ou mais aplicações servidoras específicas. Um computador que é designado para apenas uma aplicação de servidor é frequentemente designado por essa aplicação. Por exemplo, quando o Apache HTTP Server (software) é o servidor Web de uma empresa, o computador que o executa é também designado por servidor Web. As aplicações servidoras podem ser divididas entre computadores servidores numa gama extrema, dependendo da carga de trabalho. Em caso de carga ligeira, todas as aplicações servidoras podem ser executadas em simultâneo num único computador. Em caso de carga pesada, podem ser necessários vários computadores servidor para cada aplicação. Em caso de carga média, é comum utilizar um computador servidor por aplicação, de modo a limitar os danos causados por uma falha de um único computador servidor ou por uma violação da segurança de uma única aplicação. Qualquer computador servidor pode também ser utilizado como estação de trabalho, mas tal é evitado na prática, mais uma vez para conter os riscos.

Servidor ou **computador servidor** é também uma designação para modelos de computador destinados a serem utilizados para executar aplicações de servidor, frequentemente com cargas de trabalho pesadas, sem supervisão, durante um período de tempo alargado. Embora qualquer computador "estação de trabalho" possa executar sistemas operativos de servidor e aplicações de servidor, um computador servidor tem normalmente caraterísticas especiais que o tornam mais adequado. As distinções incluem frequentemente um processador e uma memória mais rápidos, mais RAM, discos rígidos maiores, maior fiabilidade, fontes de alimentação redundantes, discos rígidos redundantes (RAID), tamanho e forma compactos, conceção modular (por exemplo, servidores blade frequentemente utilizados em quintas de servidores), possibilidade de montagem em bastidor ou armário, redireccionamento da consola série, etc.

O nome servidor ou aparelho servidor também se aplica a aparelhos informáticos ligados à rede ou "hardware de aparelho" que fornece serviços específicos na rede. Embora o aparelho seja um computador servidor, carregado com um sistema operativo de servidor e uma aplicação de servidor, o utilizador não precisa de configurar nada disso. É uma caixa negra que faz um trabalho específico. Os servidores mais simples são frequentemente vendidos como aparelhos, por exemplo, comutadores, routers, gateways, servidores de impressão e modems de rede. Um servidor é definido como um computador multiutilizador que fornece um serviço (por exemplo, acesso a bases de dados, transferência de ficheiros, acesso remoto) ou recursos (por exemplo, espaço de ficheiros) através de uma ligação de rede.

Hardware do servidor

Embora os servidores possam ser construídos a partir de componentes informáticos de base - particularmente para aplicações de baixa carga e/ou não críticas - os servidores dedicados, de alta carga e de missão crítica utilizam hardware especializado que é optimizado para as necessidades dos servidores.

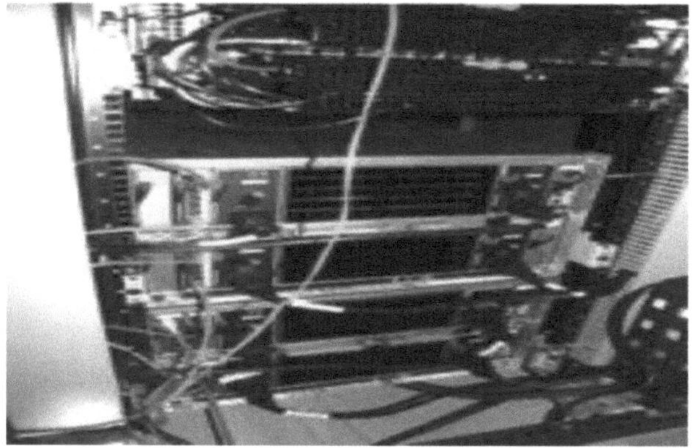

Um bastidor de servidor visto de trás

Por exemplo, os servidores podem incorporar componentes mecânicos de "resistência industrial", como unidades de disco e ventoinhas de computador, que proporcionam uma fiabilidade e um desempenho muito elevados a um preço correspondentemente elevado. As considerações estéticas são ignoradas, uma vez que a maioria dos servidores funciona em salas de computadores sem vigilância e só são visitados para efeitos de manutenção ou reparação.

Embora os servidores necessitem normalmente de grandes quantidades de espaço em disco, podem ainda ser utilizadas unidades de disco mais pequenas, numa relação de compromisso entre capacidade e fiabilidade.

As velocidades da CPU são muito menos críticas para muitos servidores do que para muitos computadores de secretária. Não só é provável que as tarefas típicas de um servidor sofram mais atrasos devido a pedidos de E/S do que aos requisitos do processador, como também a ausência de qualquer interface gráfica de utilizador (GUI) em muitos servidores liberta grandes quantidades de capacidade de processamento para outras tarefas, tornando a necessidade global de potência do processador mais baixa. Se for necessária uma grande capacidade de processamento num servidor, há uma tendência para adicionar mais CPUs em vez de aumentar a velocidade de uma única CPU, mais uma vez por razões de fiabilidade e redundância.

A falta de uma GUI num servidor (ou a rara necessidade de a utilizar) torna desnecessária a instalação de adaptadores de vídeo dispendiosos. Da mesma forma, interfaces de áudio elaboradas, conexões de joystick, periféricos USB e similares são geralmente desnecessários.

Dado que os servidores têm de funcionar continuamente e de forma fiável, podem ser utilizadas ventoinhas ruidosas mas eficientes e fiáveis para ventilação, em vez de ventoinhas baratas e silenciosas; e, em alguns casos, pode ser utilizado ar condicionado centralizado para manter os servidores frescos, em vez de ventoinhas ou para além delas. Podem ser utilizadas fontes de alimentação ininterrupta especiais para garantir que os servidores continuem a funcionar em caso de falha de energia.

Os servidores típicos incluem ligações de rede de alta capacidade, de modo a permitir-lhes lidar com as grandes quantidades de tráfego que normalmente recebem e geram à medida que recebem e respondem aos pedidos dos clientes. A principal diferença entre servidores e computadores de secretária não está no hardware, mas no software. Os servidores executam frequentemente sistemas operativos concebidos especificamente para serem utilizados em servidores. Também executam aplicações especiais concebidas especificamente para executar tarefas de servidor.

Os servidores têm uma propriedade única em que, quanto mais potente e complexo for o sistema, mais tempo é necessário para que o hardware se ligue e comece a carregar o sistema operativo. Os servidores efectuam frequentemente testes e verificações exaustivas da memória antes do arranque, juntamente com o arranque dos serviços de gestão remota. Os controladores dos discos rígidos iniciam então os bancos de unidades em sequência, de modo a não sobrecarregar a fonte de alimentação com o aumento súbito de tudo o que é ligado ao mesmo tempo, seguindo-se as verificações prévias do sistema RAID para o funcionamento correto da redundância. Não é raro que todas estas verificações de hardware antes do arranque demorem vários minutos, mas depois a máquina funciona continuamente durante meses a fio.

Sistemas operativos de servidores

O sistema operativo Microsoft Windows é predominante nos computadores de secretária, mas no mundo dos servidores, os sistemas operativos mais populares - como o FreeBSD, Solaris e Linux - são derivados ou semelhantes ao sistema operativo UNIX. O UNIX era originalmente um sistema operativo para minicomputadores e, como os servidores substituíram gradualmente os minicomputadores tradicionais, o UNIX foi uma escolha lógica e eficiente de sistema operativo para os servidores. No entanto, a quota de mercado do Windows Server tem vindo a crescer de forma constante, tendo-se tornado o novo sistema operativo de servidores de topo, a partir de 2005.

Os sistemas operativos orientados para o servidor tendem a ter certas caraterísticas em comum que os tornam mais adequados para o ambiente do servidor, tais como a ausência de uma GUI (ou uma GUI opcional); a capacidade de serem reconfigurados (tanto no hardware como no software), pelo menos em certa medida, sem parar o sistema; recursos avançados de cópia de segurança para permitir cópias de segurança em linha de dados críticos a intervalos regulares e frequentes; recursos que permitam a movimentação de dados entre diferentes volumes ou dispositivos de uma forma transparente para o utilizador final; capacidades de ligação em rede flexíveis e avançadas; caraterísticas (como daemons no UNIX ou serviços no Windows) que tornem mais fiável a execução de programas sem supervisão; segurança rigorosa do sistema, com proteção avançada de utilizadores, recursos, dados e memória, etc. Os sistemas operativos orientados para o servidor podem, em muitos casos, interagir com sensores de hardware para detetar condições como sobreaquecimento, falha do processador e do disco, e alertar um operador, tomar medidas corretivas ou ambas, dependendo da configuração.

Dado que os requisitos dos servidores são, em alguns casos, quase diametralmente opostos aos dos computadores de secretária, é extremamente difícil conceber um sistema operativo que funcione bem em ambos os ambientes; assim, os sistemas operativos que são bem adaptados aos computadores de secretária podem não ser ideais para os servidores e vice-versa. No entanto, certas versões do Windows são também utilizadas numa minoria de servidores, tal como as versões recentes da popular família Mac OS X (também baseada em Unix) de sistemas operativos para computadores de secretária e mesmo alguns sistemas operativos proprietários de mainframes (como o z/OS); mas os sistemas operativos dominantes entre os servidores continuam a ser as versões ou clones do UNIX. Mesmo no caso do Linux, as configurações ideais para servidores podem não ser satisfatórias para utilização em computadores de secretária, e as configurações com bom desempenho em computadores de secretária podem deixar muito a desejar em servidores. A ascensão do servidor baseado em microprocessador foi facilitada pelo desenvolvimento de várias versões do Unix para funcionar na arquitetura de microprocessador Intel x86. A família de sistemas operativos Microsoft Windows também funciona em hardware Intel, e as versões que se iniciaram com o Windows NT incorporaram caraterísticas que as tornam adequadas para utilização em servidores.

Embora o papel dos sistemas operativos de servidor e de ambiente de trabalho continue a ser distinto, as melhorias no desempenho e fiabilidade do hardware e na fiabilidade do sistema operativo esbateram a distinção entre estas duas classes de sistemas, que, a certa altura, se mantiveram largamente separadas em termos de base de código, hardware e fornecedores. Atualmente, muitos sistemas operativos para computadores de secretária e servidores partilham a mesma base de código e diferem sobretudo em termos de configuração. Além disso, a racionalização de muitas aplicações empresariais para plataformas baseadas na Web e em middleware diminuiu a procura de servidores de aplicações especializados.

Servidores na Internet

Quase toda a estrutura da Internet se baseia num modelo cliente-servidor. Muitos milhões de servidores estão ligados à Internet e funcionam continuamente em todo o mundo.

Entre os muitos serviços fornecidos pelos servidores da Internet contam-se: a Web, o sistema de nomes de domínio, o correio eletrónico, a transferência de ficheiros, as mensagens instantâneas, o fluxo contínuo de áudio e vídeo, os jogos em linha e inúmeros outros. Praticamente todas as acções realizadas por um utilizador comum da Internet requerem uma ou mais interações com um ou mais servidores.

Existem também tecnologias que funcionam a nível inter-servidor.

Servidores na vida quotidiana

Qualquer computador ou dispositivo que sirva aplicações ou serviços pode, tecnicamente, ser designado por servidor. Num escritório ou num ambiente empresarial, o servidor de rede é fácil de identificar. Um router DSL/Cabo é um servidor, uma vez que fornece ao computador serviços de aplicação, como a atribuição de um endereço IP (através do Protocolo de Configuração Dinâmica do Anfitrião, DHCP) e serviços de Tradução de

Endereços de Rede (NAT), que é a firewall que protege o computador da Internet. As impressoras ou pastas partilhadas num computador utilizam-no como um servidor. Estas situações podem causar problemas de segurança aos utilizadores domésticos. Os pontos de acesso sem fios, se não estiverem devidamente protegidos, também podem servir uma ligação de rede a quem estiver dentro do alcance, que pode então aceder a dados anteriormente partilhados. É por esta razão que a proteção das redes domésticas se tornou importante nos últimos tempos. Existem muitos servidores privados para jogos online como Runescape, Gunz: The Duel, WoW, etc.

Tipos de servidores

Um servidor é um computador ou dispositivo numa rede que gere os recursos da rede. Por exemplo, um servidor de ficheiros é um computador e um dispositivo de armazenamento dedicado ao armazenamento de ficheiros. Qualquer utilizador da rede pode armazenar ficheiros no servidor. Um servidor de impressão é um computador que gere uma ou mais impressoras e um servidor de rede é um computador que gere o tráfego da rede. Os servidores são frequentemente dedicados, o que significa que não executam outras tarefas para além das suas tarefas de servidor. No entanto, nos sistemas operativos com multiprocessamento, um único computador pode executar vários programas ao mesmo tempo. Neste caso, um servidor pode referir-se ao programa que está a gerir os recursos e não a todo o computador.

Plataforma de servidor

Um termo frequentemente utilizado como sinónimo de sistema operativo. Uma plataforma é o hardware ou software subjacente a um sistema e é, por conseguinte, o motor que acciona o servidor.

Tipos de servidores

1. Servidores de aplicações

Por vezes designados como um tipo de middleware, os servidores de aplicações ocupam uma grande parte do território informático entre os servidores de bases de dados e o utilizador final, ligando-os frequentemente. Por exemplo, existem vários produtos de middleware que ligam um sistema de base de dados a um servidor Web. Isto permite que os utilizadores solicitem dados da base de dados utilizando formulários apresentados num navegador Web e permite que o servidor Web devolva páginas Web dinâmicas com base nos pedidos e no perfil do utilizador. O termo middleware é utilizado para descrever produtos separados que servem de ligação entre duas aplicações. Por conseguinte, é diferente das funcionalidades de importação e exportação que podem ser incorporadas numa das aplicações. O middleware é por vezes chamado de canalização porque liga dois lados de uma aplicação e passa dados entre eles. As categorias comuns de middleware incluem: * Monitores TP

* Ambientes DCE

* Sistemas RPC

* Corretores de pedidos de objectos (ORBs)

* Sistemas de acesso a bases de dados

* Passagem de mensagens

2. Servidores de áudio/vídeo

Os servidores de áudio/vídeo trazem capacidades multimédia aos sítios Web, permitindo-lhes transmitir conteúdos multimédia em fluxo contínuo. O fluxo contínuo é uma técnica de transferência de dados que permite o seu processamento como um fluxo constante e contínuo. As tecnologias de fluxo contínuo estão a tornar-se cada vez mais importantes com o crescimento da Internet, porque a maioria dos utilizadores não tem acesso suficientemente rápido para descarregar rapidamente grandes ficheiros multimédia. Com o fluxo contínuo, o browser ou plug-in do cliente pode começar a apresentar os dados antes de todo o ficheiro ter sido transmitido.

Para que o streaming funcione, o lado do cliente que recebe os dados deve ser capaz de recolher os dados e enviá-los como um fluxo constante para a aplicação que está a processar os dados e a convertê-los em som ou imagens. Isto significa que, se o cliente de fluxo contínuo receber os dados mais rapidamente do que o necessário, tem de guardar os dados em excesso numa memória intermédia. No entanto, se os dados não chegarem com rapidez suficiente, a apresentação dos dados não será suave. Estão a surgir várias tecnologias de transmissão concorrentes. Para dados áudio na Internet, a norma de facto é o RealAudio da Progressive Network.

3. Servidores de chat

Os servidores de chat permitem que um grande número de utilizadores troque informações num ambiente semelhante ao dos grupos de discussão da Internet que oferecem capacidades de discussão em tempo real. Tempo real significa que ocorre imediatamente. O termo é utilizado para descrever uma série de caraterísticas diferentes dos computadores. Por exemplo, os sistemas operativos em tempo real são sistemas que respondem imediatamente aos dados introduzidos. São utilizados para tarefas como a navegação, em que o computador tem de reagir a um fluxo constante de novas informações sem interrupção. A maioria dos sistemas operativos de uso geral não são em tempo real porque podem demorar alguns segundos, ou mesmo minutos, a reagir. O tempo real pode também referir-se a eventos simulados por um computador à mesma velocidade a que ocorreriam na vida real. Na animação gráfica, por exemplo, um programa em tempo real apresentaria objectos a moverem-se no ecrã à mesma velocidade a que se moveriam na realidade.

4. Servidores de fax

Um servidor de fax é a solução ideal para as empresas que pretendem reduzir os recursos telefónicos de entrada e saída, mas que necessitam de enviar documentos por fax.

5. Servidores FTP

Um dos mais antigos serviços da Internet, o Protocolo de Transferência de Ficheiros permite mover um ou mais ficheiros de forma segura entre computadores, proporcionando segurança e organização de ficheiros, bem como controlo de transferências.

6. Servidores Groupware

Um servidor GroupWare é um software concebido para permitir que os utilizadores colaborem, independentemente da sua localização, através da Internet ou de uma Intranet empresarial e trabalhem em conjunto numa atmosfera virtual.

7. Servidores de IRC

Uma opção para quem procura capacidades em tempo real, o Internet Relay Chat consiste em várias redes separadas (ou "nets") de servidores que permitem aos utilizadores ligarem-se uns aos outros através de uma rede IRC.

8. Servidores de listas

Os servidores de listas oferecem uma forma de gerir melhor as listas de correio, quer se trate de discussões interactivas abertas ao público ou de listas unidireccionais que enviam anúncios, boletins informativos ou publicidade.

9. Servidores de correio

Quase tão omnipresentes e cruciais como os servidores Web, os servidores de correio eletrónico movem e armazenam correio em redes empresariais através de LANs e WANs e através da Internet.

Servidores de notícias

Os servidores de notícias funcionam como fonte de distribuição e entrega para os milhares de grupos públicos de notícias atualmente acessíveis através da rede de notícias USENET. A USENET é um sistema mundial de boletins informativos a que se pode aceder através da Internet ou de muitos serviços em linha. A USENET contém mais de 14 000 fóruns, denominados newsgroups, que abrangem todos os grupos de interesses imagináveis. É utilizada diariamente por milhões de pessoas em todo o mundo.

Servidores proxy

Os servidores proxy situam-se entre um programa cliente, normalmente um navegador Web, e um servidor externo (normalmente outro servidor na Web) para filtrar pedidos, melhorar o desempenho e partilhar ligações.

Servidores Telnet

Um servidor Telnet permite que os utilizadores iniciem sessão num computador anfitrião e executem tarefas como se estivessem a trabalhar no próprio computador remoto.

Servidores Web

Na sua essência, um servidor Web serve conteúdo estático a um navegador Web, carregando um ficheiro de um disco e servindo-o através da rede ao navegador Web de um utilizador. O navegador e o servidor que falam entre si utilizando HTTP medeiam toda esta troca.

Introdução às tecnologias WAN

Uma WAN é uma rede de comunicações de dados que abrange uma área geográfica relativamente vasta e que utiliza frequentemente meios de transmissão fornecidos por transportadores comuns, como as companhias telefónicas. As tecnologias WAN funcionam geralmente nas três camadas inferiores do modelo de referência OSI: a camada física, a camada de ligação de dados e a camada de rede. A FIGURA classifica a relação entre as tecnologias WAN comuns e o modelo OSI.

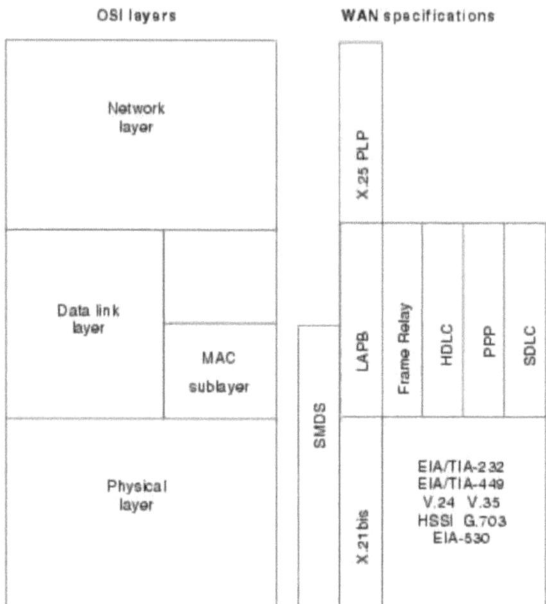

Ligações ponto-a-ponto

Uma ligação ponto-a-ponto fornece um caminho de comunicações WAN único e pré-estabelecido a partir das instalações do cliente, através de uma rede de um operador, como uma companhia telefónica, para uma rede remota. As linhas ponto-a-ponto são normalmente alugadas a um operador, pelo que são frequentemente designadas por linhas alugadas. Para uma linha ponto-a-ponto, o operador atribui pares de fios e hardware de instalações apenas à sua linha. O preço destes circuitos baseia-se geralmente na largura de banda necessária e na distância entre os dois pontos ligados. As ligações ponto a ponto são geralmente mais caras do que os serviços partilhados, como o Frame Relay.

Uma ligação ponto-a-ponto típica funciona através de uma WAN para uma rede remota

Comutação de circuitos

Os circuitos comutados permitem ligações de dados que podem ser iniciadas quando necessário e terminadas quando a comunicação está concluída. Isto funciona de forma muito semelhante a uma linha telefónica normal para comunicações de voz. A Rede Digital de Serviços Integrados (RDIS) é um bom exemplo de comutação de circuitos. Quando um router tem dados para um local remoto, o circuito comutado é iniciado com o número de circuito da rede remota. No caso dos circuitos RDIS, o dispositivo efectua efetivamente uma chamada para o número de telefone do circuito RDIS remoto. Quando as duas redes estão ligadas e autenticadas, podem transferir dados. Quando a transmissão de dados estiver concluída, a chamada pode ser terminada.

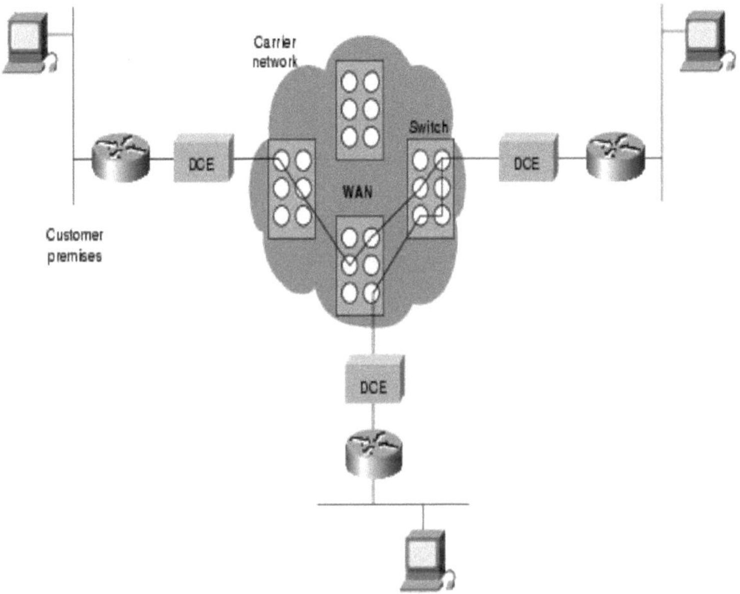

Comutação de pacotes

A comutação de pacotes é uma tecnologia WAN em que os utilizadores partilham recursos comuns do operador. Como isto permite que o operador utilize a sua infraestrutura de forma mais eficiente, o custo para o cliente é geralmente muito melhor do que com as linhas ponto-a-ponto. Numa configuração de comutação de pacotes, as redes têm ligações à rede do operador e muitos clientes partilham a rede do operador. O operador pode então criar circuitos virtuais entre os locais dos clientes, através dos quais os pacotes de dados são entregues de um para o outro através da rede. A secção da rede do operador que é partilhada é frequentemente designada por nuvem. Alguns exemplos de redes de comutação de pacotes incluem o ATM (Asynchronous Transfer Mode), Frame Relay, SMDS (Switched

Multimegabit Data Services) e X.25.

A figura mostra um exemplo de circuito comutado por pacotes. As ligações virtuais entre os locais dos clientes são frequentemente referidas como um circuito virtual.

Figura - A comutação de pacotes transfere pacotes através de uma rede de transporte

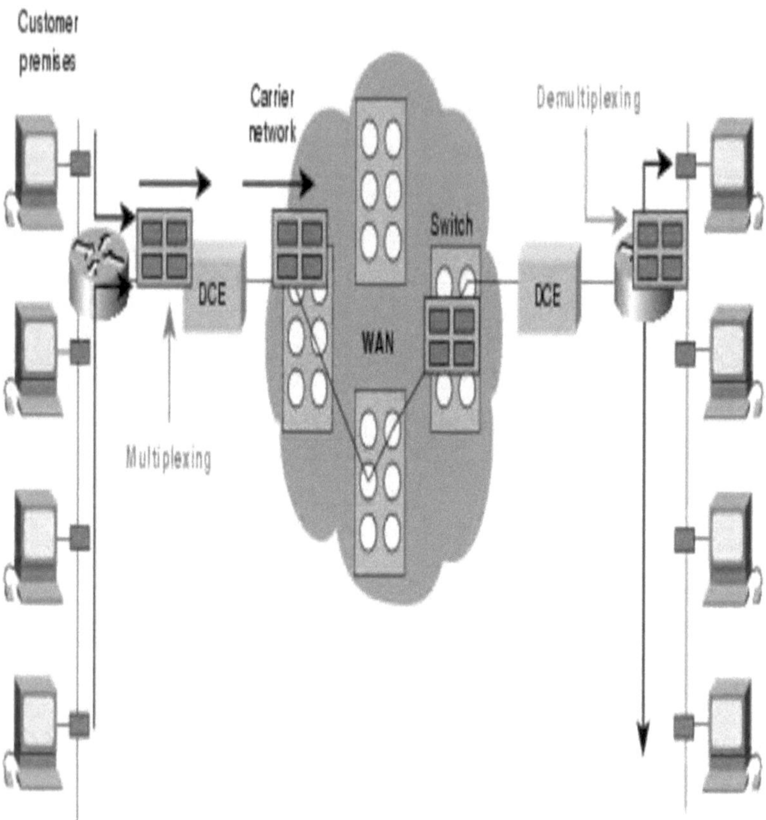

Circuitos virtuais WAN

Um circuito virtual é um circuito lógico criado numa rede partilhada entre dois dispositivos de rede. Existem dois tipos de circuitos virtuais: os circuitos virtuais comutados (SVCs) e os circuitos virtuais permanentes (PVCs).

As SVCs são circuitos virtuais que são dinamicamente estabelecidos a pedido e terminados quando a transmissão está concluída. A comunicação através de uma SVC consiste em três fases: estabelecimento do circuito, transferência de dados e terminação do circuito. A fase de estabelecimento envolve a criação do circuito virtual entre os dispositivos de origem e destino. A transferência de dados envolve a transmissão de dados entre os dispositivos através do circuito virtual, e a fase de terminação do circuito envolve o encerramento do circuito virtual entre os dispositivos de origem e de destino. As SVCs são utilizadas em situações em que a transmissão de dados entre dispositivos é esporádica, em grande parte porque as SVCs aumentam a largura de banda utilizada devido às fases de estabelecimento e terminação do circuito, mas diminuem o custo associado à disponibilidade constante do circuito virtual.

O PVC é um circuito virtual permanentemente estabelecido que consiste num modo: transferência de dados. Os PVCs são utilizados em situações em que a transferência de dados entre dispositivos é constante. Os PVCs diminuem a utilização da largura de banda associada ao estabelecimento e à terminação de circuitos virtuais, mas aumentam os custos devido à disponibilidade constante do circuito virtual. Os PVCs são geralmente configurados pelo provedor de serviços quando um pedido de serviço é feito.

Serviços de ligação WAN

Os serviços de ligação telefónica oferecem métodos económicos de conetividade entre WANs. Duas implementações populares de dialup são o encaminhamento dial-on-demand (DDR) e o backup dial.

A DDR é uma técnica através da qual um router pode iniciar dinamicamente uma chamada num circuito comutado quando necessita de enviar dados. Numa configuração DDR, o router é configurado para iniciar a chamada quando são cumpridos determinados critérios, como a necessidade de transmitir um determinado tipo de tráfego de rede. Quando a conexão é feita, o tráfego passa pela linha. A configuração do router especifica um temporizador de inatividade que diz ao router para interromper a ligação quando o circuito permanece inativo durante um determinado período.

O backup de discagem é outra forma de configurar o DDR. No entanto, no dial backup, o circuito comutado é utilizado para fornecer um serviço de backup para outro tipo de circuito, como o ponto-a-ponto ou a comutação de pacotes. O router é configurado de modo a que, quando é detectada uma falha no circuito primário, a linha de reserva de marcação seja iniciada. A linha de reserva de marcação suporta então a ligação WAN até que o circuito primário seja restaurado. Quando isto acontece, a ligação de reserva de marcação é terminada.

Dispositivos WAN

As WANs utilizam vários tipos de dispositivos que são específicos para ambientes WAN. Os comutadores WAN, servidores de acesso, modems, CSU/DSUs e adaptadores de terminais RDIS são abordados nas secções seguintes. Outros dispositivos encontrados em ambientes WAN que são utilizados em implementações WAN incluem routers, comutadores ATM e multiplexadores.

<u>Comutador WAN</u>

Um comutador WAN é um dispositivo de internetworking multiportas utilizado em redes de operadoras. Estes dispositivos comutam normalmente tráfego como Frame Relay, X.25 e SMDS, e funcionam no nível de ligação de dados do modelo de referência OSI. A figura ilustra dois roteadores em extremidades remotas de uma WAN que são conectados por comutadores de WAN.

<u>Dois roteadores em extremidades remotas de uma WAN podem ser conectados por WAN</u>

<u>Interruptores</u>

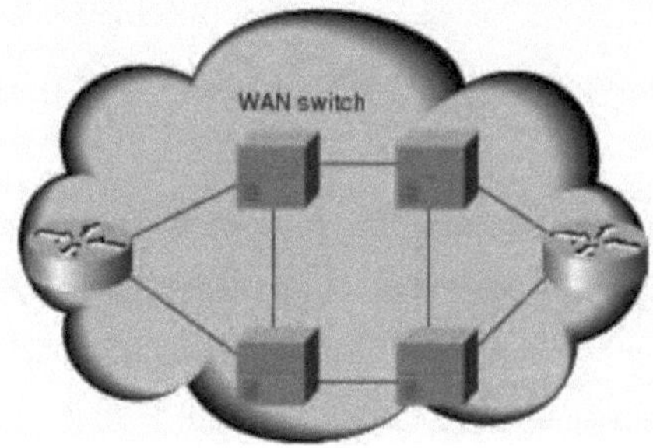

<u>Servidor de acesso</u>

Um servidor de acesso actua como um ponto de concentração para ligações de acesso telefónico e de saída. A figura ilustra um servidor de acesso que concentra as ligações de acesso telefónico para uma WAN.

Um servidor de acesso concentra as conexões de saída de discagem em uma WAN

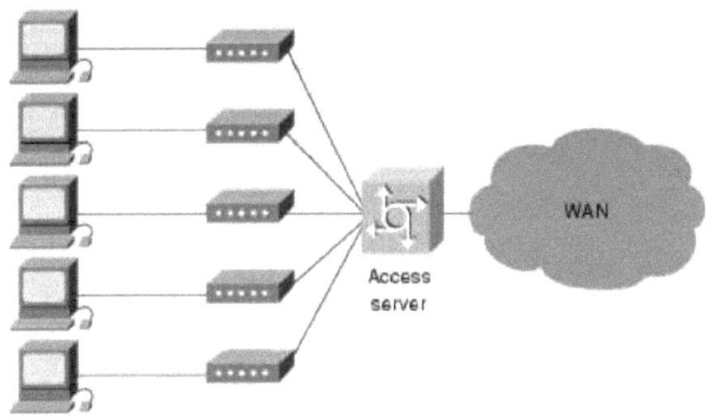

Modem

Um modem é um dispositivo que interpreta sinais digitais e analógicos, permitindo a transmissão de dados através de linhas telefónicas de voz. Na fonte, os sinais digitais são convertidos numa forma adequada para transmissão através de meios de comunicação analógicos. No destino, estes sinais analógicos são devolvidos à sua forma digital. A figura ilustra uma ligação simples de modem para modem através de uma WAN.

Uma ligação de modem através de uma WAN lida com sinais analógicos e digitais

CSU/DSU

Uma unidade de serviço de canal/unidade de serviço digital (CSU/DSU) é um dispositivo de interface digital utilizado para ligar um router a um circuito digital como um T1. A CSU/DSU também fornece a temporização do sinal para a comunicação entre esses dispositivos. A figura ilustra a colocação da CSU/DSU numa implementação de WAN.

A CSU/DSU fica entre o comutador e o terminal

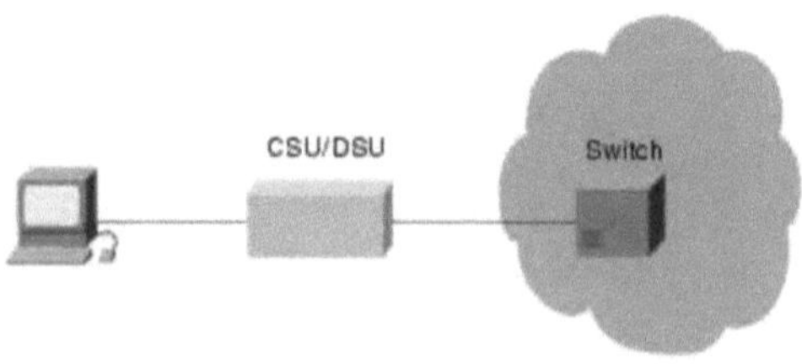

Adaptador de terminal RDIS

Um adaptador de terminal RDIS é um dispositivo utilizado para ligar ligações BRI (Basic Rate Interface) RDIS a outras interfaces, como EIA/TIA-232 num router. Um adaptador de terminal é essencialmente um modem RDIS, embora seja designado por adaptador de terminal porque não converte efetivamente sinais analógicos em digitais. A figura ilustra a colocação do adaptador de terminal num ambiente RDIS.

O adaptador de terminal liga o adaptador de terminal RDIS a outras interfaces

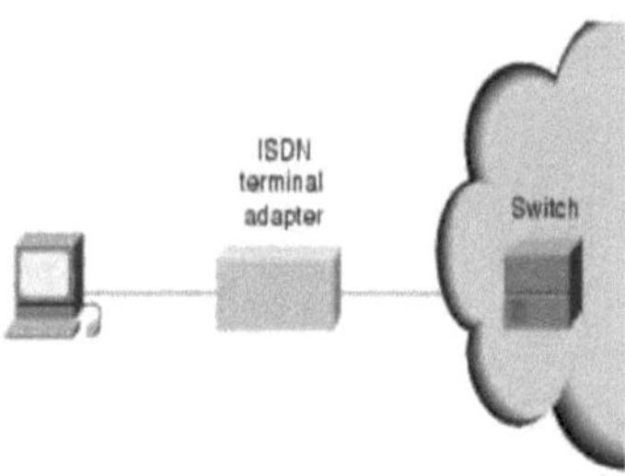

IMPLEMENTAÇÃO

A aplicação eficaz da tecnologia para apoiar a educação implica uma **análise** cuidadosa **e** um **novo planeamento** da sala de aula. A investigação sugere, de um modo geral, que a utilização eficaz da tecnologia é um processo complicado e complexo de planeamento e apoio contínuo, com uma séria consideração dos resultados da investigação atual e emergente sobre a sua utilização.

Há cada vez mais provas de que ainda existem muitas perguntas sem resposta sobre as utilizações educativas da tecnologia, pelo que é necessária mais investigação para informar os educadores e os criadores de software sobre as utilizações mais eficazes e necessárias da tecnologia. Os utilizadores do sistema, nomeadamente educadores, estudantes e administradores, devem tornar-se investigadores e aprendizes activos.

A tecnologia está relacionada com o aumento do desempenho dos alunos quando **a**

interatividade e outras caraterísticas importantes são aplicadas à conceção pedagógica. A preparação dos professores, o desenvolvimento do pessoal de acompanhamento e a assistência técnica são pré-requisitos essenciais para aplicações tecnológicas eficazes. A integração planeada da tecnologia na educação, que envolve diretamente os professores, permite-lhes envolver os alunos em experiências educativas significativas e permite mais tempo para oportunidades de ensino individualizadas.

A tecnologia **de rede** também pode apoiar a gestão baseada no local, abrindo novas linhas de comunicação com fontes de informação externas e melhorando os canais internos de comunicação entre os vários níveis.

Uma rede robusta e omnipresente e instalações concebidas para flexibilidade e **multimédia** são fundamentais para uma integração bem sucedida das tecnologias da informação. Além disso, a implantação de intranets abrangentes e de cursos em linha parece ser essencial para manter a competitividade.

Podem ser configuradas salas diferentes para laboratórios de informática, **videoconferência ou simulação.** A necessidade de ligar todos os lugares para acesso aos dados deve tornar-se um tema comum no planeamento dos recursos de TI para a educação - alterando a forma como os estudantes e os professores acedem à informação, bem como a forma como comunicam entre si e com o mundo, conduzindo à evolução social de uma "sociedade da informação" caracterizada pela emergência do "trabalhador do conhecimento"

Descreve-se a seguir uma série de ferramentas e serviços de tecnologias da informação que podem ser utilizados coletivamente para conceber **a COT (Classroom Of Tomorrow) A.** Todo o processo de ensino-aprendizagem está previsto com a integração completa da tecnologia, em vez de a tecnologia ser apenas um "complemento". **Qualquer módulo de ensino pode eventualmente ter os seguintes processos:**

1)   Uma introdução ao material que será abordado

2)   Um pré-teste que indica as respostas certas e erradas, mas não é classificado

3)   Instruções sobre o que e como estudar o capítulo

4)   Um vídeo em fluxo contínuo contendo a palestra do professor da disciplina As palestras virtuais podem ser armazenadas como som ou vídeo para assistência tutorial ou palestras de convidados;

5)   Uma série de sítios Web para visitar,

6) Um estudo de caso

7) Um teste de revisão que é classificado.

Após a conclusão dos trabalhos na Web e dos estudos de caso, cada aluno pode escrever um breve artigo sobre as suas ideias e experiências. Após a conclusão de cada três capítulos e módulos, os alunos efectuam um teste de progresso online. Após a conclusão do teste - as perguntas, as respostas e as pontuações são imediatamente disponibilizadas para que os alunos possam saber como se saíram e, em seguida, aprender com as questões que não acertaram. No final do terceiro exame, é efectuado um exame final global da mesma forma. Os exames são elaborados com um banco de perguntas para cada capítulo e o computador escolhe aleatoriamente as perguntas e a ordem das perguntas para que cada aluno tenha um exame diferente.

B. Ambiente de aprendizagem em colaboração (CLE).

A Internet proporciona uma tecnologia de colaboração de baixo custo, fácil de utilizar e semelhante à utilizada nos ambientes de "reunião eletrónica", que pode ser melhor descrita como groupware.

Essencialmente, as aulas teóricas podem ser complementadas com instrução na Web. A amnésia de curso é quando a informação é aprendida num curso e imediatamente esquecida após a conclusão desse curso. O aluno não se apercebe de que a informação será utilizada em muitas outras disciplinas.

Antes do início de cada semestre, pode ser criado automaticamente **um espaço no servidor de rede** para cada uma das secções de aulas oferecidas por período. Uma **sala de aula em linha** pode estar disponível para qualquer professor que a deseje utilizar. Nesse espaço, cada aluno de uma determinada turma pode ter acesso a um conjunto consistente de ferramentas de curso e pastas de ficheiros. Essas ferramentas podem incluir:

a) **gestor de ficheiros** para carregar e descarregar ficheiros de e para o espaço de trabalho da turma

b) um **fórum de discussão c)** um **calendário de aulas.**

As pastas podem permitir que os alunos e os professores deixem e recuperem o trabalho atribuído - podem conter os trabalhos da aula, o programa da disciplina, notas da aula fornecidas pelo professor e materiais de reserva da biblioteca. O pessoal da biblioteca pode digitalizar os materiais para o formato PDF (Adobe Acrobat) e copiar o ficheiro para a pasta de reservas da sala de aula em linha.

Devido à disponibilidade global através da Internet, os alunos e professores com IDs de utilizador e palavras-passe válidas podem aceder às suas aulas a partir de qualquer local através de uma autenticação distinta. Quando os alunos ou professores acedem ao espaço de trabalho das aulas em linha, pode ser-lhes pedido que iniciem sessão na rede.

O produto de serviços verifica o início de sessão para fornecer ao utilizador uma lista actualizada dos recursos disponíveis. Os recursos podem incluir coisas como espaço no servidor de rede, impressoras de rede, aplicações informáticas e espaço de trabalho da turma. O acesso a um determinado espaço de trabalho da turma está, portanto, limitado aos alunos inscritos nessa turma e ao(s) professor(es) designado(s) para a lecionar. Qualquer utilizador pode aceder ao espaço de rede reservado a uma determinada turma, bastando para isso selecionar a ligação à disciplina. O registo conduz à criação de espaços de trabalho de turma e de listas de membros: à medida que os alunos adicionam e abandonam cursos e à medida que as tarefas de ensino são actualizadas, as ligações de curso (juntamente com o acesso ao espaço de trabalho) são automaticamente adicionadas ou eliminadas do ecrã.

As ferramentas CLE permitem que os dados que recolhem sejam armazenados, manipulados e disponibilizados a todos os membros do grupo e ao instrutor. Os alunos podem rever e aprender o conteúdo do curso através de materiais baseados na Web; na aula, podem utilizar o CLE para realizar sessões de perguntas e respostas.

Também pode ser prevista a possibilidade de **participação em linha.**

Os alunos podem também estudar casos práticos em linha. Estes podem ser complementados com videoclipes de executivos reais, visitas a faculdades e simulações em linha. A maior vantagem da Internet é trazer o mundo exterior para a sala de aula. Também pode haver **um software especial que simule** a negociação em tempo real, se ligue ao Reuters Data Service e inclua informações sobre acções em tempo real, bem como notícias internacionais actuais. Também pode existir uma sala de negociação computorizada. Os laboratórios multimédia podem ser utilizados para conceber e preparar apresentações com equipamento não disponível na maioria dos computadores portáteis ou de secretária.

Por exemplo, esse acesso a informações sobre empresas em linha (através de páginas Web e outras fontes) permite aos alunos aprender conceitos importantes como a análise do fluxo de caixa, o orçamento de capital, o investimento e a análise de risco... utilizando dados do mundo real de empresas bem conhecidas em vez de problemas de manuais escolares que tratam de empresas hipotéticas e dados fictícios.

Noutro cenário, o CLE pode albergar uma simulação da indústria baseada em computador que permita aos estudantes de gestão desempenharem um papel nos seus cursos de introdução. A cada equipa pode ser atribuída a gestão de uma empresa. Todas as empresas começam com recursos tangíveis idênticos, tais como empregados, dinheiro, equipamento, matérias-primas e uma fábrica. Os alunos devem trabalhar eficazmente nas suas equipas de gestão para tomarem decisões empresariais, enquanto são desafiados por incertezas como as acções dos concorrentes e vários impactos económicos. Cada equipa tem o mesmo objetivo - maximizar o valor das suas acções. No final da experiência, as decisões da equipa são introduzidas num programa que fornece informações financeiras e operacionais com base nessas decisões. Os resultados são transferidos para as pastas das equipas do CLE.

Graças a uma interface em inglês desenvolvida para o sistema, os professores não têm de aprender HTML.

Também devido à natureza segura do **espaço de trabalho da turma**, é necessário que estejam disponíveis algumas opções públicas. Os instrutores podem ter a opção, por exemplo, de criar um **fórum de discussão público**, que não requer o início de sessão seguro. Quando um aluno inicia a sessão na rede, o ecrã apresenta uma lista de todas as suas aulas para o período em curso; quando um membro do corpo docente inicia a sessão, o ecrã apresenta as suas tarefas para o período em curso.

Os estudantes podem eliminar o tempo gasto na organização e deslocação para reuniões presenciais

Os docentes podem utilizar o CLE de várias formas para melhorar a distribuição dos materiais da disciplina e para **incentivar a colaboração entre os alunos.** O CLE gera e mantém automaticamente uma lista de correio eletrónico para cada turma. Também permite que os professores configurem várias salas de conversação e dividam as turmas em grupos de trabalho que têm o seu próprio espaço Web e salas de conversação. O CLE permite ainda que os professores agrupem turmas inteiras e criem grupos de trabalho em todo o currículo.

Isto garante que o professor passa menos tempo a dar aulas e mais tempo a permitir que os alunos discutam o que aprenderam sozinhos e uns com os outros.

Communi-Con. É um espaço de trabalho em linha para projectos de estudantes. O projeto incentiva a colaboração interdepartamental. Agora, estudantes de diferentes áreas da Universidade podem colaborar em projectos de aprendizagem de serviços e apresentá-los no CommuniCon. Cada equipa tem a sua própria área de discussão e espaço de rede onde guarda documentação e materiais de apresentação. Os membros do grupo utilizam o espaço de trabalho CLE para interagir e desenvolver relatórios e apresentações. Os membros da equipa podem utilizar o espaço partilhado para preparar materiais para a sua apresentação formal no evento Communicon. Isto melhora a interação com os alunos e dá-lhes mais responsabilidade no processo de aprendizagem. O CLE melhora a experiência de simulação, proporcionando aos alunos e professores um acesso global 24 horas por dia; as suas relações académicas interactivas deixam de estar limitadas pelo tempo e pelo local. Introduz automaticamente a lista de alunos da turma e automatiza a criação de equipas. Os professores podem escolher os membros da equipa manualmente a partir da lista da turma ou podem clicar num botão para que as equipas sejam atribuídas aleatoriamente. As pastas e as áreas de discussão das equipas são criadas automaticamente, bem como outras funcionalidades privadas da equipa. As equipas podem ser compostas por membros muito dispersos com acesso "a qualquer hora e em qualquer lugar" uns aos outros, aos fornecedores e às bases de dados

Assim, **o groupware - agora** uma parte integrante da Internet - pode ter impacto no processo educativo. Aceleradas pela disponibilidade de poderosos motores de pesquisa que fornecem interfaces intuitivas e ligações a bases de dados, grupos de discussão de interesse comum e revistas electrónicas, estas novas ferramentas estão a alargar a literacia informática e a reduzir as barreiras tecnológicas tradicionais à implementação das TI em contextos tradicionais. As estruturas e processos organizacionais estão a adaptar-se gradualmente a ambientes de reunião eletrónica "a qualquer hora e em qualquer lugar",

Tecnologias como a **videoconferência,** a Web e o correio eletrónico podem facilitar as ligações entre si sem necessidade de presença física

A videoconferência pode tornar-se um componente tecnológico padrão na educação. Esta tecnologia pode ser utilizada para uma série de objectivos: estabelecer ligações com pessoas; aceder a locais remotos para obter dados ou para dar aulas; ou realizar entrevistas à distância.

O ensino à distância faz parte do panorama educativo há várias gerações. Desde os primeiros dias dos cursos por correspondência, passando pelos dias da oferta de cursos electrónicos através da rádio, televisão e satélite, até aos desenvolvimentos mais recentes da oferta de cursos electrónicos através da Internet, os educadores têm-se perguntado se os alunos que frequentam cursos longe do professor e do ambiente tradicional da sala de aula aprendem tanto ou tão bem como os alunos que estão frente a frente com o professor e/ou fazem parte de um grupo de aprendizagem mais vasto

O ensino à distância através de videoconferência e da Internet tem o maior potencial. Os estudantes que trabalham a tempo inteiro têm dificuldade em encontrar-se pessoalmente devido a restrições de tempo e geográficas.

Formação e apoio ao CLE

O CLE foi concebido para apoiar todos os estudantes e professores, independentemente da sua familiaridade com os computadores ou da complexidade das suas aplicações. Para os principiantes, pode incorporar um programa de literacia informática. Os professores podem ser encorajados a tirar partido de uma variedade de workshops, seminários e sessões de consultoria do CLE. Qualquer membro do corpo docente pode solicitar formação na sala de aula para um curso específico. Os membros do corpo docente apreciarão as oportunidades de formação contínua em CLE que podem ser proporcionadas pela Divisão de Informática e Tecnologia da Informação, bem como a facilidade de utilização do software de administração de cursos de CLE. O CLE deve ser concebido para facilitar a utilização das ferramentas tecnológicas básicas e, ao mesmo tempo, permitir a utilização mais sofisticada da tecnologia na sala de aula.

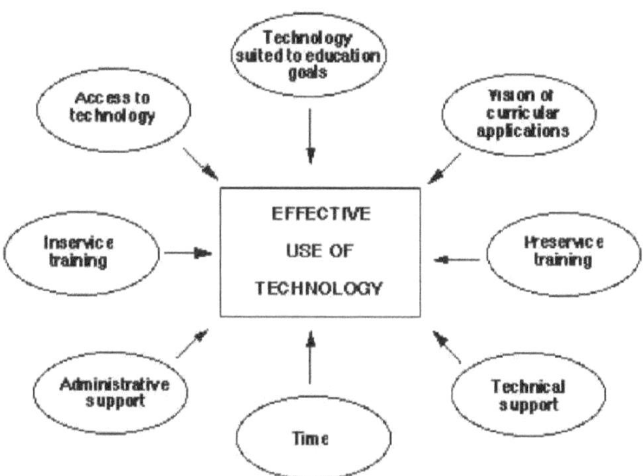

<u>**Condições para que a tecnologia seja eficaz**</u>

A tecnologia, por si só, não tem um efeito significativo no ensino e na aprendizagem. A tecnologia é uma ferramenta que, quando utilizada com práticas pedagógicas e currículos testados, pode ser um catalisador eficaz para a reforma educativa

A tecnologia está relacionada com o aumento do desempenho dos alunos quando a interatividade e outras caraterísticas importantes da conceção pedagógica são aplicadas à sua utilização. **A preparação dos professores, o acompanhamento do desenvolvimento do pessoal e a assistência técnica** são pré-requisitos essenciais para aplicações tecnológicas eficazes. A integração planeada da tecnologia na educação, que envolve diretamente os professores, permite-lhes envolver os alunos em experiências educativas significativas e permite mais tempo para oportunidades de ensino individualizadas.

A aplicação eficaz da tecnologia para apoiar a educação implica uma análise cuidadosa e um novo planeamento da sala de aula. A investigação sugere, de um modo geral, que a utilização eficaz da tecnologia é um processo complicado e complexo de planeamento e apoio contínuo, com uma séria consideração dos resultados da investigação atual e emergente sobre a sua utilização.

O sucesso de qualquer esforço de melhoria depende da unidade mais pequena da organização e, no sector da educação, essa unidade é o professor. **Os professores são os principais responsáveis pela implementação da mudança.**

Os professores não se apercebem da melhor forma de integrar a tecnologia. Cada professor identifica, concebe, desenvolve e implementa a sua própria aplicação significativa ao longo da duração do curso, realizando a sua própria integração tecnológica efectiva. Os investigadores, administradores, agentes de mudança e avaliadores devem ter em conta estas conclusões quando facilitam e sustentam mudanças nas práticas de ensino apoiadas pela tecnologia.

A integração da tecnologia é um processo lento e gradual devido a uma série de factores, incluindo a indiferença do corpo docente, a falta de formação, a falta de apoio administrativo, a falta de infra-estruturas adequadas para incentivar a utilização da tecnologia, a falta de um plano estratégico a seguir e a falta de fundos. É necessário elaborar um plano de colaboração e de resolução estratégica de problemas.

Seguem-se **os principais factores** necessários para apoiar a aplicação eficaz da tecnologia na aprendizagem:

Deve haver uma **visão** da utilização da tecnologia para apoiar o currículo e a reestruturação daí resultante. O termo "reestruturação" é frequentemente utilizado para implicar uma mudança mais profunda e fundamental na natureza das escolas e da escolaridade do que a implicada por "reforma".

Os professores devem ser envolvidos no **planeamento**. Os professores e os administradores devem planear em conjunto a utilização da tecnologia e a ligação em rede. Promover aplicações educativas sólidas da tecnologia e o desenvolvimento de programas de software e de vídeo que satisfaçam as normas de conteúdo educativo. Os professores devem ser envolvidos no desenvolvimento de programas de tecnologia educativa que conduzam a uma tomada de decisões e a um planeamento partilhados, envolvendo todos os interessados na educação e na tecnologia.

Os professores são **motivados** para o desenvolvimento profissional por oportunidades de progressão na carreira, aumentos salariais e satisfação pessoal. Por conseguinte, é necessário incluir os contributos dos professores para o conteúdo e o formato destes programas.

Os conhecimentos, as competências, as atitudes e os comportamentos dos professores são também essenciais para planear um desenvolvimento profissional eficaz e uma mudança educativa bem sucedida.

Devem ser dados incentivos para a identificação e divulgação de programas e práticas comprovados, bem como para o desenvolvimento e validação de recursos de base tecnológica

Devem ser previstas disposições para a **formação e a assistência técnica** regional e local em matéria de utilização das tecnologias

As utilizações tecnológicas devem ser integradas nas diretrizes de análise e avaliação dos programas.

É também necessário conceber um processo para comunicar as realizações e os problemas do programa às partes interessadas e informar os decisores políticos sobre os custos/benefícios das aplicações tecnológicas na educação.

O desenvolvimento do pessoal deve ser individualizado de acordo com as necessidades do professor Deve haver tempo para os professores planearem, aprenderem e implementarem aplicações tecnológicas.

Os professores precisam de **computadores e periféricos, conhecimentos de software e** disponibilidade de **software** que satisfaça os objectivos de aprendizagem. Têm de desenvolver confiança e competências no manuseamento de computadores e software, bem como tempo para aprender e utilizar, para que os professores ultrapassem desculpas como "não tive formação", "não tenho tempo" e "não sou bom com computadores", porque grande parte da aprendizagem sobre tecnologia tem de ser autodidata. Os professores aprendem através da experimentação, da leitura, da frequência de acções de formação em informática e, por vezes, também através da interação com outros professores que trabalham com computadores.

Também deve haver assistência técnica disponível sempre que necessário, com a previsão de **formação em serviço e pré-serviço**. Demasiadas vezes, escreve Kotter, "a formação é dada, mas não é suficiente, ou não é do tipo certo, ou não é feita na altura certa. Espera-se que as pessoas mudem hábitos construídos ao longo de anos ou décadas com apenas cinco dias de formação."

Um dos principais obstáculos é o acesso e o tempo limitados a equipamento que rapidamente se torna obsoleto. O'Donnell sublinhou que os programas de desenvolvimento profissional devem responder às necessidades específicas dos professores e devem ser contínuos durante um longo período de tempo.

Não só é necessário adequar a tecnologia aos objectivos e normas educativas, como também é necessário facilitar a sua utilização por alunos e professores. Deve haver um ajustamento imediato da dificuldade das tarefas em função das respostas dos alunos

O feedback sobre a correção das respostas, o interesse sustentado e a utilização pelos alunos deve ser feito a intervalos regulares, com avaliações e procedimentos integrados para adequar os recursos tecnológicos às necessidades dos alunos

Outro fator importante para uma implementação correta é o **teste no terreno** dos recursos tecnológicos com uma variedade de alunos numa variedade de contextos e o alinhamento correto com os quadros curriculares e os recursos educativos existentes

Enfrentar as barreiras à mudança

• **Desafios culturais** - crenças **tradicionais**, expectativas, normas, hábitos e padrões de comportamento enraizados que vão contra as novas ideias. Novas técnicas de ensino podem colidir com visões profundamente enraizadas - e mesmo não ditas - sobre como as escolas devem ser geridas e como os professores devem "fazer o seu trabalho".

• Desafios **políticos** - resistência **passiva** ou aberta a novas estratégias e/ou conflitos entre interesses concorrentes. A resistência pode ter muitas causas, mas surge frequentemente quando os diretores e as equipas de liderança não conseguem antecipar os desafios culturais acima descritos.

Sem declarar vitória demasiado cedo, é preciso contratar professores que se adaptem às necessidades da escola, incluindo professores que se enquadrem bem nas mudanças pedagógicas que a escola está a fazer como parte do seu plano de melhoria. Os agentes de mudança falham quando se baseiam quase exclusivamente na razão e na estrutura e negligenciam os seres humanos.

É necessário estabelecer um sentido de urgência e criar uma coligação orientadora suficientemente forte. Existe uma desconfiança e uma resistência inicial entre os professores veteranos em relação às iniciativas de reforma e um empenhamento mínimo na reforma do ensino. A colaboração, o planeamento em equipa e a partilha de estratégias eficazes geram, por vezes, uma resistência considerável por parte dos professores veteranos, uma vez que, tradicionalmente, trabalharam isolados e o ensino foi durante muito tempo uma "indústria caseira". E há uma tendência nas populações em que, deixadas a si próprias, as pessoas tendem naturalmente a regressar a um estado de coisas normal ou médio. É a chamada "regressão à média". O processo pelo qual as escolas respondem a **obstáculos internos e externos**, reduzindo gradualmente os esforços de implementação e concentrando-se em coisas que são mais fáceis de realizar, pode ser chamado de "regressão à média".

Não existem receitas simples e universais para lidar com a multiplicidade de obstáculos técnicos, culturais e políticos que podem surgir no processo de implementação.

Muitas vezes, as organizações não alinham os seus sistemas de contratação e remuneração dos funcionários para apoiar a nova visão. É preciso recrutar e contratar professores cujas competências e valores correspondam às estratégias do plano de melhoria da escola e eliminar políticas regressivas. As pessoas não são o ativo mais importante. As pessoas certas é que são.

É claro que faz diferença ser muito **paciente.** Piaget acreditava que, quando um indivíduo se depara com informação nova ou contrária ao seu conhecimento prévio, experimenta uma discórdia que precisa de ser resolvida. Uma forma de conseguir essa resolução é incorporar essa informação como parte da visão que a pessoa tem do mundo. O indivíduo faz ajustes na forma como vê a informação e a sua relação com o que já sabe, através da acomodação. Quando bem sucedida, a informação é internalizada ou assimilada.

CAPÍTULO-5

CONCLUSÃO

COT (Sala de aula do futuro)

O mundo está a viver uma evolução social e a sociedade está a metamorfosear-se numa "sociedade da informação", com a criação de um novo género de trabalhadores caracterizado pela emergência do "trabalhador do conhecimento".

A tendência para organizações simples - equipas de trabalho com poder de decisão e multifunções - e a sua necessidade de comunicar informações rapidamente "em qualquer altura e em qualquer lugar" representa a emergência de grupos electrónicos geograficamente dispersos. Este novo padrão de estrutura organizacional e os desenvolvimentos paralelos das tecnologias de informação de grupo convergem para um novo ambiente de trabalho designado por sociedade em rede. Estas mudanças organizacionais baseadas na informação são possibilitadas pela tecnologia de colaboração popularmente descrita como groupware. As estruturas e os processos organizacionais estão a adaptar-se gradualmente a ambientes de reunião eletrónica "em qualquer altura e em qualquer lugar", desafiando assim os padrões tradicionais das estruturas hierárquicas, numa tentativa de acelerar a tomada de decisões para além das fronteiras geográficas e organizacionais. Tecnologias como a videoconferência, a Web e o correio eletrónico podem facilitar as ligações com os executivos de topo sem que seja necessária a sua presença física.

Para combater estas mudanças na sociedade, a mudança tem de começar nas salas de aula. As TI não podem continuar a ser apenas um complemento, antes têm de se tornar parte integrante do ensino. A informática não pode continuar a limitar-se ao processamento de texto, folhas de cálculo, pacotes estatísticos e correio eletrónico - por outras palavras, a utilização de aplicações, em vez da **utilização integrada da tecnologia em todo o currículo**.

As transformações estão a refletir-se lentamente nos ambientes de aprendizagem - trazer o mundo para a sala de aula é revelador. A tecnologia da informação está a esbater a distinção entre a aprendizagem dentro e fora da sala de aula. Com ligações em rede em cada lugar, o aluno pode estar a aprender "fora da sala de aula" enquanto está sentado numa sala de aula. Para os estudantes de gestão, isto é especialmente importante porque podem estabelecer ligações com empresas reais, dados comerciais reais e executivos comerciais reais muito cedo nas suas carreiras. O objetivo de ensinar e aprender a qualquer hora e em qualquer lugar significa que **qualquer espaço é um espaço de aprendizagem**. E o mais importante é que cada um pode aprender ao seu próprio ritmo e ao seu próprio estilo.

CAPÍTULO-6

ÂMBITO DO ESTUDO

Aprender com os media para aprender com os media

Para criar condições ideais para a aprendizagem eletrónica, é necessário compreender que os factores-chave que influenciam o êxito das actividades de aprendizagem partilhada não baseadas na tecnologia também influenciam as actividades mediadas pelas telecomunicações. São eles o planeamento, a cooperação e objectivos de projeto bem definidos e relevantes.

A introdução da tecnologia na sala de aula resultará numa aprendizagem mais centrada no aluno, na aprendizagem cooperativa e numa maior interação professor/aluno. Um conjunto emergente de investigação de avaliação apoia a afirmação de que os computadores e a tecnologia podem ser importantes para reformar a educação e que têm o potencial de alterar ou transformar as salas de aula. Podem ser classificados em duas categorias:

Educadores

Com a nova incorporação de tecnologias no processo de ensino e a implementação do "E-learning", os professores tiveram mais tempo para formar e corrigir comportamentos, porque não estavam sobrecarregados com palestras. As aulas podem passar a basear-se no aluno e no conhecimento, e não no professor. Os educadores tornam-se mentores do processo de aprendizagem e não o centro do processo de aprendizagem. E o mais importante é que os professores estão disponíveis para os alunos quase 24 horas por dia através do computador e os alunos podem aprender ao seu próprio ritmo e no seu próprio estilo. Esta ênfase acrescida no ensino individualizado traz novamente outros benefícios.

Os professores têm mais tempo para aconselhar os alunos e este interesse acrescido pelo ensino e pela experimentação de tecnologias emergentes conduz a um aumento da produtividade dos administradores e dos professores, bem como a um aumento do planeamento e da colaboração com os colegas. Este repensar e rever o currículo e as estratégias de ensino também pode levar a uma maior comunicação dos professores e dos administradores com os pais e a uma maior comunicação entre os professores.

Estudantes:

Os alunos podem beneficiar de muitas formas, uma vez que a aprendizagem de conceitos abstractos, de materiais mais complexos e a resolução de problemas, bem como as competências básicas, se tornam mais fáceis com a mediação da tecnologia. Os alunos aprendem a trabalhar em equipa e a investigação colaborativa incentiva os alunos a aprenderem uns com os outros. A instrução pode ser adaptada para acomodar os estilos de aprendizagem individuais dos alunos e as suas necessidades especiais, o que leva a uma menor preleção por parte do professor, com salas de aula mais centradas no aluno, proporcionando também oportunidades para novas experiências de aprendizagem

A realização de actividades de telecomunicações com os alunos permite que os professores passem mais tempo com cada aluno, menos tempo a dar aulas a toda a turma e permite que os alunos realizem um trabalho mais independente

Os projectos científicos, de sensibilização social e de intercâmbio cultural são considerados as actividades de telecomunicações mais eficazes a realizar com os alunos.

Os serviços noticiosos e as bases de dados científicas são considerados como as actividades de recuperação de informação mais úteis para utilização com os alunos.

Os incentivos mais bem classificados para a utilização das telecomunicações com os alunos incluem uma maior sensibilização dos alunos para o mundo, o acesso a informações que de outra forma seriam difíceis de obter e o aumento das competências analíticas e de investigação dos alunos.

Pode ser concebido e desenvolvido um quadro de avisos eletrónico para o investigador, a fim de facilitar os debates sobre a utilização e a integração das tecnologias.

A utilização de tecnologias de rede na sala de aula pode incentivar a aprendizagem ativa, apoiar o ensino inovador e aumentar as oportunidades de interatividade com os programas de ensino

Sabe-se também que a aprendizagem eletrónica melhora a atitude e a confiança, especialmente dos estudantes "em risco", proporcionando também oportunidades de ensino que de outra forma não estariam disponíveis, como em áreas e aldeias remotas, com a ajuda de cursos em linha e escolas virtuais que dão origem a "comunidades de aprendizagem"

Também ajuda a aumentar a colaboração dos alunos em projectos, ajudando a preparar os alunos para o trabalho quando é enfatizada como uma ferramenta de resolução de problemas e melhora significativamente as competências de resolução de problemas dos alunos

Assim, também pode ser utilizado para melhorar a preparação dos estudantes para a maioria das carreiras e vocações, uma vez que ajuda a experimentar situações do mundo real, desenvolvendo o pensamento cognitivo e alargando a aprendizagem.

Podem ser utilizados como ferramentas de produtividade, empregando software de aplicação, como folhas de cálculo, bases de dados e processadores de texto, para gerir informações e resolver problemas.

Com a ajuda do e-learning, a tónica é colocada na oferta de novas oportunidades e ambientes de aprendizagem centrados no aluno, no conhecimento, na avaliação e na comunidade, e as novas tecnologias são também coerentes com os princípios de uma nova ciência da aprendizagem.

Dado que muitas das novas tecnologias são interactivas, é agora mais fácil criar ambientes em que os alunos possam aprender fazendo, receber feedback e aperfeiçoar continuamente a sua compreensão e construir novos conhecimentos.

As tecnologias também ajudam as pessoas a visualizar conceitos difíceis de compreender, como a diferenciação entre calor e temperatura. Os alunos podem trabalhar com software de visualização e modelação para aumentar a sua compreensão concetual

As novas tecnologias permitem o acesso a uma vasta gama de informações, incluindo bibliotecas digitais, dados do mundo real para análise e ligações a outras pessoas que fornecem informações, feedback e inspiração, o que pode melhorar a aprendizagem dos professores e administradores, bem como dos alunos. Nestas salas de aula, um ambiente centrado no aluno substituirá o que era, em muitos casos, uma instrução centrada no professor, e o papel do professor passará de "diretor da aprendizagem" para o de "facilitador da aprendizagem".

Os projectos interdisciplinares que exigem que os alunos executem e coordenem múltiplas tarefas tornar-se-ão o principal meio de ensino e aprendizagem, normalmente realizados por pequenos grupos. Os alunos podem participar ativamente no seu trabalho, o que os professores acreditam que resultará numa aprendizagem autêntica e a longo prazo. Provavelmente, ... a observação mais frequentemente partilhada, no entanto, é a medida em que a tecnologia pode influenciar a motivação e o entusiasmo dos alunos.

potencial para ajudar a criar salas de aula onde os alunos experimentam a educação em vez da escolarização, onde compreendem em vez de memorizar, onde são activos em vez de passivos e onde a aprendizagem está ligada ao "mundo real" em vez de isolada e artificial.

"As situações de aprendizagem tornam-se mais realistas e autênticas à medida que as salas de aula se tornam em linha" e que "os recursos em linha aumentam o interesse e a motivação dos alunos na sala de aula através de uma maior diversidade de objectivos, projectos e resultados de aprendizagem".

As novas tecnologias têm o poder de estimular o desenvolvimento de competências intelectuais, tais como a capacidade de raciocínio e de resolução de problemas, a capacidade de aprender a aprender e a criatividade

As novas tecnologias têm o poder de estimular a procura de informações mais extensas sobre um assunto, de uma solução mais satisfatória para um problema e, de um modo mais geral, de um maior número de relações entre vários conhecimentos ou dados

O potencial de simulação, manipulação virtual, fusão rápida de uma grande variedade de dados, representação gráfica e outras funções proporcionadas pelas novas tecnologias contribuem para uma ligação do conhecimento a vários aspectos da pessoa, assegurando assim uma assimilação mais completa das muitas coisas aprendidas

Por conseguinte, os computadores e a tecnologia *podem ser* uma componente importante da reforma educativa e estar relacionados com a aprendizagem dos alunos, embora os computadores e a tecnologia, *por si só,* pouco consigam fazer, e que a forma como são utilizados e como um determinado programa é planeado e implementado é igualmente, se não mais, importante.

CAPÍTULO-7

OUTRAS INVESTIGAÇÕES

É necessária uma investigação contínua para responder a questões em vários domínios

.

Professores

☐ Que tipos de formação são mais eficazes para ajudar os professores a utilizar programas de ensino de alta qualidade?

☐ Existem competências gerais de integração que podem ser ensinadas a todos os professores, ou as competências de integração dependem da matéria?

☐ O que é que os professores precisam de saber sobre os processos de aprendizagem para poderem utilizar a tecnologia em todo o seu potencial?

☐ O que é que os professores precisam de saber sobre a tecnologia em si?

☐ Quanto tempo é necessário para os professores aprenderem, reflectirem, absorverem as descobertas e adaptarem as práticas?

☐ Quanto tempo é necessário para os professores conceberem experiências de aprendizagem integradas, envolventes e personalizadas?

☐ Qual é a melhor forma de utilizar a tecnologia para facilitar a aprendizagem dos professores?

Estudantes

☐ De que forma pode a tecnologia servir como uma extensão das capacidades humanas e do funcionamento cognitivo?

☐ Como é que a tecnologia pode fornecer apoio de "andaimes" para aumentar o que os alunos podem fazer e raciocinar no seu caminho para a compreensão.

☐ Que competências cognitivas específicas são mais susceptíveis de serem melhoradas pela utilização da tecnologia para a aprendizagem?

☐ Que efeito tem a utilização da tecnologia na aquisição de conhecimentos sobre o conteúdo e a matéria?

☐ Os novos ambientes de aprendizagem resultam numa maior aprendizagem em função da matéria?

☐ A utilização da tecnologia ajuda no desenvolvimento ou na aquisição das "competências básicas", como a escrita, e, em caso afirmativo, qual a melhor forma de o conseguir?

☐ Os novos ambientes de aprendizagem resultam numa maior aprendizagem, independentemente das caraterísticas dos alunos?

☐ Os novos ambientes de aprendizagem resultam numa maior aprendizagem, medida pelas novas normas estatais e pelas avaliações de alto nível?

Avaliação, a sala de aula transformada e a aprendizagem dos alunos.

Em última análise, a capacidade dos investigadores para responder às questões relativas à aprendizagem dos alunos depende do desenvolvimento de novas medidas válidas e fiáveis que avaliem com exatidão a aprendizagem que se crê ter lugar nos novos ambientes. O facto é que, atualmente, não existe uma forma satisfatória de medir o que ou como a tecnologia melhora a aprendizagem, embora muitos acreditem que sim.

Esta é uma área em que será necessário um trabalho de investigação e desenvolvimento considerável, coordenado com a identificação dos tipos de aprendizagem que acompanham a integração da tecnologia na sala de aula. É útil pensar na componente de avaliação como formativa e sumativa dentro da sala de aula, e sumativa para efeitos de responsabilização externa. Dentro da sala de aula, as avaliações formativas são avaliações que dão feedback com o objetivo de melhorar o ensino e a aprendizagem, e as avaliações sumativas são utilizadas no final da atividade de aprendizagem. As avaliações sumativas externas são normalmente avaliações nacionais, estatais ou distritais utilizadas para efeitos de responsabilização e outros objectivos de alto risco. Tanto a avaliação na sala de aula como as avaliações externas devem ser desenvolvidas através da investigação.

Um outro domínio que merece ser objeto de mais investigação é o *modo* de avaliação.

Exemplos de perguntas para avaliações na sala de aula.

☐ Qual é o domínio das tarefas cognitivas ou outras competências esperadas nos novos ambientes de aprendizagem?

☐ Como é que a tecnologia pode ser melhor utilizada para publicar e agregar o trabalho dos alunos e para comunicar os resultados?

☐ Qual é a melhor formação e desenvolvimento profissional para os professores adquirirem novas competências?

☐ Qual é a forma mais económica de realizar avaliações de grande escala e de alto risco que incorporem os tipos de aprendizagem melhorados pela tecnologia?

Reforma escolar e tecnologia.

O grau em que a tecnologia será integrada com êxito nas salas de aula do país está ligado ao trabalho muito mais vasto de reestruturação das escolas e das salas de aula num sentido mais geral. Por conseguinte, pode ser que a concentração exclusiva na investigação tecnológica seja demasiado limitada. Talvez seja mais vantajoso examinar a tecnologia no contexto mais alargado da reforma global da escola.

Exemplos de perguntas:

☐ Como é que os diferentes modelos de reforma escolar utilizam melhor a tecnologia?

☐ Que factores institucionais impedem a tecnologia de fazer parte dos esforços globais de reforma da escola?

☐ Qual a melhor forma de fazer com que os professores se sintam donos dos esforços de reforma da escola?

Como é que a tecnologia pode ser utilizada para facilitar as reformas globais da escola?

Computadores, novos ambientes de aprendizagem e literacia tecnológicaDirecções para investigação futura

O desenvolvimento dos novos ambientes de aprendizagem depende, em certa medida, da existência de alunos com competências de literacia tecnológica (tais como processamento de texto e capacidades em linha) suficientes para funcionarem nesses ambientes. Na prática atual, isto levou à tendência para ensinar as competências tecnológicas "just in time", ou seja, imediatamente antes da necessidade da competência no ambiente ou integrada na atividade de aprendizagem. As novas normas neste domínio deverão fornecer resultados claros e adequados para efeitos de investigação e avaliação.

Exemplos de perguntas:

Qual é a adequação do desenvolvimento das competências tecnológicas sugeridas para os vários grupos etários?

Que papel desempenham as competências de literacia tecnológica na criação dos novos ambientes de aprendizagem?

Qual é a melhor forma de ensinar competências tecnológicas - independentemente do currículo, ou "just in time"?

Qual a melhor forma de avaliar a literacia tecnológica?

Há provas de que os modos tradicionais de ensino à distância produziram níveis de aprendizagem semelhantes, pelo menos entre alguns estudantes. No entanto, os avanços tecnológicos proporcionaram a oportunidade de novas formas de ensino à distância através de oportunidades em linha e de conferências interactivas e de vídeo. O desafio consistirá em desenvolver currículos atraentes e utilizar a tecnologia de forma a proporcionar um tipo de experiência de aprendizagem comparável à proporcionada pelos novos ambientes de aprendizagem baseados em ideias construtivistas.

Exemplos de perguntas:

As comunicações entre o professor e o aluno através de tecnologias interactivas e em linha proporcionam uma experiência de aprendizagem comparável à dos novos ambientes de aprendizagem?

Existem graus iguais de satisfação e motivação dos alunos para o ensino à distância, principalmente através da tecnologia?

Com as novas abordagens de ensino à distância com tecnologia, as taxas de abandono escolar continuam elevadas e, em caso afirmativo, porquê?

As caraterísticas dos alunos estão relacionadas com o sucesso ou a satisfação com o ensino à distância através da tecnologia?

O ensino à distância bem sucedido através da tecnologia é específico do conteúdo?

De que formação necessitam os professores para ministrar este tipo de ensino à distância?

A tecnologia como ferramenta de gestão/eficiência educativa

A tecnologia transformou o trabalho e o ambiente de trabalho em muitos outros sectores da sociedade. Tem, e continuará a ter, o potencial para redesenhar e automatizar processos empresariais, criar novos formatos empresariais, produtos e serviços, reduzir custos, melhorar a qualidade e melhorar o acesso à informação e à comunicação. Permitiu a transformação das organizações de comando/controlo hierárquico em organizações planas/de aprendizagem rápida. Compreender este potencial de transformação é uma área importante da "investigação em design", que se baseia nas "melhores práticas" de outros sectores.

Exemplos de perguntas:

Como é que a tecnologia pode ser melhor utilizada para melhorar a produtividade do distrito e da escola em áreas como as comunicações, a programação e a manutenção de registos?

Como é que a tecnologia pode ser melhor utilizada para melhorar a produtividade pessoal dos professores nas áreas da avaliação dos alunos, manutenção de registos e comunicação com os alunos e os pais?

☐ Como é que a tecnologia pode ser melhor utilizada para aumentar a responsabilização?

☐ Como é que as avaliações em linha podem ser melhor utilizadas para melhorar a aprendizagem dos alunos e para efeitos de responsabilização?

BIBLIOGRAFIA

Livros

1   . Sharma, R.A., (1999), Educational Technology, Lyall Book Depot.

2   . Basinger, D.S. (2000). Utilização e integração da tecnologia pelos professores: Um estudo de caso. Tese de doutorado, Louisiana Tech University, Ruston, LA.

3   . Bradshaw, L. K., & Buckner, K. G. (1994). Mudando os tempos, mudando as escolas, mudando a liderança. NASSP-Bulletin, 78, 78-83.

4   . Bradshaw, L. K. (1997). Rotas alternativas para o ensino: Fornecendo o apoio necessário. The Delta Kappa Gamma Bulletin, 63(3), 27-31.

5   . Bradshaw, L. K. (1997). Mudança apoiada pela tecnologia: Uma oportunidade de desenvolvimento do pessoal. NAASP-Bulletin, 81, 86-92.

6   . Cawelti, G. (1993). Introduction: Change in American education. Challenges and achievements of American education. 1993 Yearbook of the Association for Supervision and Curriculum Development. Alexandria, VA: Sociedade Americana para o Desenvolvimento Curricular.

7   . Cawelti, G. (1993). Conceber um currículo adequado ao século XXI. Documento apresentado na reunião anual da Associação para o Avanço da Educação Internacional. (Serviço de reprodução de documentos ERIC n.º ED 357 491)

8   . Charp, S. (1996). Integração curricular. Revista Horizontes Tecnológicos em Educação, 23(10), 4.

9   . Cuban, L. (1993). Os computadores encontram-se com a sala de aula: A sala de aula ganha. Teachers College Record, 95, 185-210.

10   Cubano, L. (1995). DéjB vu outra vez? Porque é que o computador pode, de facto, seguir o caminho do estereopticon. Electronic Learning, 15(2), 3437, 61.

11   Cuban, L. (1995). Reality bytes. Electronic Learning, 14(8), 18.

12   Darling-Hammond, L., & McLaughlin, M. W. (1995). Políticas que apoiam o desenvolvimento profissional numa era de reforma. Phi Delta Kappan, 76, 597-604.

13   Jerald, C., & Orlofsky, G. (1999). Raising the bar on school technology. Education Week, Technology Counts, 19, 58-62.

14   Kent, T. W., & McNergney, R. F. (1999). Será que a tecnologia vai realmente mudar a educação? From blackboard to web. Thousand Oaks, CA: Corwin Press.

15   Leiberman, A. (1995). Práticas que apoiam o desenvolvimento dos professores. Phi Delta Kappan, 76, 591-596.

16   . Marsh, M. (1999). Está na altura de os professores da sua escola "fazerem-no". Technology & Learning, 19(5), 60.

17   McLaughlin, M. W. (1992). How district communities do and do not foster teacher pride. Educational Leadership, 50(1), 33-35.

18   Meltzer, J., & Sherman, T. M. (1997). Ten commandments for successful technology implementation and staff development. NASSP-Bulletin, 81, 23-31.

19   Mergendoller, J. R. (1997). Sifting the hype: What research says about technology and learning. Principal, 76(3), 12-14.

20   . O'Donnell, E. (1996). Integração de computadores na sala de aula: The missing key. Lanham, MD: Scarecrow Press.

21   Gabinete de Avaliação Tecnológica. (1995). Professores e tecnologia: Making the connection (OTA-HER-616). Washington, D.C.: U.S. Government Printing Office.

22   Piaget, J. (1972). Compreender é inventar. Nova Iorque: The Viking Press.

23   Sparks, D. (1994). Uma mudança de paradigma no desenvolvimento do pessoal. Journal of Staff Development, 15(4), 26-29.

24   Sparks, D., & Hirsch, S. (1997). Uma nova visão para o desenvolvimento do pessoal. Oxford, OH: Conselho Nacional de Desenvolvimento do Pessoal.

25   Sparks, D., & Loucks-Horsley, S. (1990). Five models of staff development (Cinco modelos de desenvolvimento do pessoal). Oxford, OH: Conselho Nacional de Desenvolvimento do Pessoal.

26   Alavi, M. (junho, 1995). Utilizar as TI para reestruturar o ensino empresarial: An exploratory investigation of collaborative telelearning. MIS Quarterly 18.

27   Alavi, M. (dezembro, 1997). Utilizar a tecnologia da informação para acrescentar valor ao ensino da gestão. Academy of Management Journal 21.

28   Albrecht, P. (1984). Opportunity and impediment in graduate program innovation (Oportunidade e impedimento na inovação de programas de pós-graduação). Em New

diretions for higher education, São Francisco: Jossey-Bass.

29   Bock, G. & Applegate, L. M. (1995). Technology for teams [Nota da HBS, 9-196-008]. Harvard Business School Publishing, Boston.

30   Chiat, E., (1985). As escolas de gestão e os seus críticos. California Management Review 27, 3.

31   Drucker, P. (1989). The new realities. Nova Iorque: Harper and Row.

32   Frand, J. L., (1997). Décimo primeiro inquérito anual da UCLA Business School: Utilização de tecnologias de aprendizagem no ensino empresarial. Los Angeles: UCLA.

33   Green, K. C. (1997). A tecnologia da informação entra lentamente na sala de aula. The Technology, Teaching and Scholarship Project [boletim informativo]. USC, Escola de Educação, Los Angeles.

34   Guzzo, R. A. & Salas, E. (1995). Team effectiveness and decisionmaking in organizations. São Francisco: Jossey-Bass.

35   .Mankin, D.; Cohen,C. & Bikson, T. (1996). Teams and technology (Equipas e tecnologia). Boston: HBS Press.

36   Navarro, J. J. (1994). Equipas de auto-gestão apoiadas por computador. Journal of Organizational Computing 4 (3), 317-342.

37   Nolan, R. L. & Croson, D. C. (1995). Creative destruction. Boston: HBS Press.

38   Porter, L. W. & McKibbin, L. E. (1988). Management education and development: Drift or thrust into the 21st Century. Nova Iorque, McGraw-Hill.

39   Steiner, I. D. (1972). Group process and productivity. New York: Academic Press.

Sítios Web:

- www.esd189.org/tlp/images/TotalReport3.pdf

- Investigação sobre computadores e educação - passado, presente e futuro

- amazon.com - www.amazon.com/exec/obidos/tg/ detail/Advanced Research On Computers In Education (Investigação avançada sobre computadores na educação)

- Grupowww.cs.kent.ac.uk   /research   /groups   /compedu   /intra.nsd.org   / instructionaltech / vision/ docs

i. Investigação sobre computadores e educação

ii.   ComputerResearchSummary.pdf

*   courseweb.tac.unt.edu/rhondac/Ch3.ppt

*   Jeffrey T. Fouts, Professor de Educação, Seattle Pacific University, Seattle, WA, fevereiro, (2000), Research on Computers and Education: Passado, Presente e Futuro,

*   www.amity.edu

*   www.jaipuria.org

*   www.iitk.com

*   www.iimlko.com

*   www.networking.com

*   www.howstuffworks.com

*   www.gogglesearch.com

*   www.wikipedia.com

*   www.fairchild.com

*   www.ieee.org

*   www.cse.org

*   www.irda.com

Printed by Books on Demand GmbH, Norderstedt / Germany